Gary Chapman

LASS ES UNS NOCH MAL VERSUCHEN!

Gary Chapman

Lass es uns noch mal versuchen!

Wie Sie Ihrer Ehe doch noch eine Chance geben

francke

Über den Autor:

Gary Chapman ist zwar im Pensionsalter, will aber nichts von Ruhestand wissen. Er lebt mit seiner Frau Karolyn in North Carolina, arbeitet als Seelsorger seiner Gemeinde, hält Ehe-Seminare und ist Autor zahlreicher Bücher. Mit seinem Buch „Die fünf Sprachen der Liebe“ hat er einen neuen Schlüssel zur Kommunikation gefunden und ein Millionenpublikum erreicht.

Die Bibelstellen werden, wenn nicht anders angegeben,
nach der Übersetzung „Hoffnung für alle“ zitiert.

Bibliografische Information Der Deutschen Bibliothek
Die Deutsche Bibliothek verzeichnet diese Publikation
in der Deutschen Nationalbibliografie;
detaillierte bibliografische Daten sind im Internet
über http://dnb.ddb.de abrufbar.

ISBN 978-3-86827-575-9

This book was first published
in the United States by Moody Publishers,
820 N. LaSalle Blvd., Chicago, IL 60610
with the title *One More Try*,

35037 Marburg an der Lahn
Deutsch von Cornelia Rohleder
Umschlagbild: © iStockphoto.com / phototake
Umschlaggestaltung: Verlag der Francke-Buchhandlung GmbH /
Sven Gerhardt
Satz: Verlag der Francke-Buchhandlung GmbH
Printed in Czech Republic

www.francke-buch.de

Inhalt

Einleitung:

„Ich halte das nicht länger aus!“

Emily hatte eine scharfe Zunge. Zu scharf. Mit Worten hatte sie schon immer gut umgehen können, doch jetzt, da sie und ihr Ehemann Tim, mit dem sie seit fünfzehn Jahren verheiratet war, immer häufiger stritten, wurde ihre Kritik zunehmend verletzender. Geld. Tims Arbeitsstelle. Der Stress mit ihrem adoptierten Kind, das unter emotionalen Problemen litt. All das türmte sich vor ihnen auf, dazu kamen noch verdrängte Verletzungen aus der Kindheit.

Tim, der eigentlich eher unbekümmert war, stellte sich zunehmend die Frage, wie lange er das noch aushielt und ob es das alles noch wert war.

Einige seiner Freunde rieten ihm zur Trennung. Sein Pastor drängte ihn dazu durchzuhalten. Ein Seelsorger, den er fragte, schlug vor: „Du solltest dir eine ‚Auszeit‘ gönnen, um zur Ruhe zu kommen und Heilung zu finden.“

Tim war verwirrter als zuvor …

***

Ellie spielte an ihrem Handy herum, während sie Fernsehen schaute. Es war schon sehr spät, doch Luke war immer noch nicht zu Hause. Es war sein Job als Küchenchef eines Hotels, der schuld daran war, dass es immer wieder mal spät wurde, vor allem während der Hauptsaison. Doch … da war noch mehr. Eine Entfremdung.

Bald fand sie heraus, woran es lag.
Und an wem.

* * *

Kevin konnte nicht fassen, dass er diese Worte von seinem Pastor hörte. „Kevin“, riet ihm der Pastor, „du und Tricia, ihr solltet euch auf Zeit trennen, um eure Ehe zu retten.“

„Wie bitte? Du schlägst mir vor, dass ich ausziehe? Meine Kinder verlasse? Nur noch ein ‚Wochenendpapa‘ bin wie mein Arbeitskollege?“

„Ja“, sagte der Pastor. „Mir sind die Punkte, mit denen ihr zu kämpfen habt, nicht unbekannt, und ich weiß, dass ihr beide in ständigem Konflikt lebt. Ich glaube, eine vorübergehende Trennung ist genau das, was ihr braucht.“

Kevin protestierte weiter, als er sich vorstellte, wie er allein in einer kleinen Wohnung hauste. Doch – das musste er zugeben – es musste sich etwas ändern. Tricia und er stritten die ganze Zeit, außer wenn sie nicht in einem Raum waren. Das konnte für die Kinder nicht gut sein. Vielleicht war der Vorschlag des Pastors doch einen Versuch wert.

* * *

Natürlich gibt es in allen Ehen Höhen und Tiefen. Doch manche Probleme sind grundlegender Natur und erfordern mehr als nur eine kleine Kurskorrektur oder ein ruhiges Wochenende ohne die Kinder.

In den meisten Fällen heißt das, einen professionellen Therapeuten zu Rate zu ziehen. Ich habe viele Jahre damit verbracht, Menschen mit Beziehungsproblemen zu helfen. Viele Paare kamen erst, als sie schon kurz vor einer Trennung standen. Der Stresslevel in ihrer Ehe hatte einen Punkt erreicht, an dem einer der Partner schon ausgezogen war. Der

Trennungsschmerz und die drohende Scheidung brachten sie dazu, Hilfe zu suchen.

Andere waren zwar noch nicht so weit, dass sie sich getrennt hatten, doch sie sprachen bereits über Scheidung. Egal, wo die Paare auch standen: Fast alle hatten schon die Hoffnung für das Überleben ihrer Ehe verloren. Sie waren an einem Punkt, an dem sie es „nicht mehr länger" aushielten.

Eine meiner Aufgaben als Therapeut ist es, den Ratsuchenden Hoffnung zu vermitteln. Egal, ob Sie schon getrennt leben oder nur das Gefühl haben, Ihre Ehe sei am Auseinanderbrechen – Sie sollten wissen, dass Sie nicht allein sind und dass es noch Hoffnung gibt. Es lohnt sich, für Ihre Ehe zu kämpfen.

Ich werde Ihnen nicht versprechen, dass das einfach ist. Ein Therapeut formulierte es einmal treffend: „Es ist einfach, sich zu verlieben, doch es ist sehr schwer, für die Liebe zu kämpfen."[1]

In unserer Gesellschaft geht das völlig gegen den Trend. In diesem Buch möchte ich Ihnen aufzeigen, warum das Zusammenbleiben der bessere Weg ist. Doch ich werde auch offen ansprechen, was zu tun ist, wenn eine Ehe nicht mehr gerettet werden kann. Ich erzähle Ihnen die Geschichte von Paaren, die ihre Ehe kurz vor dem Abgrund gerettet haben.

Dieses Buch enthält keine billigen Antworten oder starre Regeln. Es gibt keine einfachen Lösungen für eine Ehe, die kurz vor dem Aus steht. Doch denjenigen von Ihnen, die wirklich nach Hilfe suchen – auch wenn die Medizin bitter und schwer zu schlucken ist –, rate ich, weiterzulesen. Ihre Chancen auf Rettung stehen gut.

Für Pastoren, Seelsorger, Therapeuten oder Angehörige, die denjenigen helfen wollen, die mit Eheproblemen oder einer Trennung zu kämpfen haben, habe ich versucht, praktische, hoffnungsvolle, allgemeinverständliche Antworten zu geben. Es wurden schon viele hilfreiche Bücher für Paare ge-

1 Samuel Rainey, email, November 2013.

schrieben, die bereits geschieden sind, doch meiner Meinung nach gibt es zu wenig gute Literatur für diejenigen, die mit Ehe- oder Trennungsproblemen zu kämpfen haben oder eine Scheidung in Erwägung ziehen.

So wie Kevin es von seinem Pastor hörte, heißt eine Trennung nicht automatisch, dass man nun unausweichlich auf eine Scheidung zusteuert. Eine Trennung kann auch zu einer erneuerten, besseren, stabileren Ehe führen – doch das muss von den beiden Partnern, die es direkt betrifft, auch gewollt werden. Man sollte nicht davon ausgehen, dass eine Ehekrise – bei der einer der beiden Partner das Gefühl hat, er könne „es nicht länger aushalten“ und eine Trennung ernsthaft in Erwägung zieht – direkt zu einer Scheidung führt.

Natürlich kommt die Rettung nicht allein durch das Lesen von Büchern, sondern Sie müssen aktiv werden, sich der Wahrheit stellen und mit der Arbeit beginnen. Ein altes Sprichwort sagt: „Eine Reise von tausend Meilen beginnt mit dem ersten Schritt.“

Ich hoffe, dass dieses Buch Ihnen dabei helfen kann, diesen Schritt zu gehen.

Anmerkung der Übersetzerin:
Wir verwenden in der Übersetzung den Begriff „(Ehe-)Partner“ auch an den Stellen, wenn nicht eindeutig ist, ob von der Ehefrau oder dem Ehemann die Rede ist. Um der besseren Lesbarkeit willen haben wir auf die Formulierung „Partner/in“ verzichtet. Es soll jedoch nicht der Eindruck entstehen, dass die Aussagen sich ausschließlich auf den männlichen Partner beziehen. Genauso können sie auch auf die Ehefrau bezogen werden.

Kapitel 1

Was ist aus Ihren Träumen geworden?

Julia saß im Vorzimmer des Schuldirektors und wartete darauf, dass ihr Gespräch begann. Ihr Sohn war in Schwierigkeiten – mal wieder. Dieses Mal war es wirklich ernst. Sie hatte ihrem Mann eine SMS geschickt. Tom arbeitete in unmittelbarer Nähe zur Schule. Seine Antwort kam prompt. „Sorry, wichtiges Meeting, kann nicht kommen." Julia schäumte vor Wut. Typisch Tom, nie da, wenn seine Familie ihn brauchte. Das war ein Verhaltensmuster von ihm – und Julia begann sich ernsthaft zu fragen, ob sie noch länger so leben wollte.

Dieses Ehepaar hat eine Mauer zwischen sich errichtet. Jeder einzelne Stein steht für ein Ereignis in der Vergangenheit, bei dem der eine den anderen enttäuscht hat.

Da war Mike. Er hatte es immer geliebt, sein Leben mit Jenny zu teilen, und hatte den anderen gegenüber damit geprahlt, dass seine Frau sein „bester Freund" war. Doch mittlerweile hatten sie ein paar Kinder und es schien, als würde Jenny in ihrer Rolle als Mutter völlig aufgehen und nicht mehr viel Zeit für ihn übrig haben. Mike fühlte sich alleingelassen und vernachlässigt und begann, immer mehr Zeit mit seinen Kumpels in der Sportkneipe zu verbringen. Darüber stritten er und Jenny häufig. Und langsam wuchs die Mauer zwischen ihnen.

Manche Paare können nicht aufhören, sich zu streiten. Überall, so scheint es, lauern Konflikte. Sie streiten, bis sie so erschöpft sind, dass sie sich körperlich krank fühlen. Irgendwann sind sie sich nicht mehr sicher, ob sie den Partner überhaupt noch mögen. Vielleicht, schlussfolgern sie, wären sie besser dran, wenn sie sich trennen würden.

„Mein Vater war ein sehr jähzorniger Mensch", erinnerte sich eine Frau. „Er und meine Mutter stritten viel – er schrie sie an und meine Mutter reagierte verschreckt oder verschloss sich. Das Leben bei uns war sehr turbulent, auch wenn es immer wieder friedliche Phasen gab. Wäre es für uns besser gewesen, wenn sie sich getrennt hätten? Das ist schwer zu sagen und damals war eine Scheidung noch eher unüblich. Doch die Konflikte haben eindeutig Spuren hinterlassen."

Ein bisschen Sterben

Wenn Ihre Ehe mehr von Streit als von Freundschaft geprägt ist, fragen Sie sich: „Was ist geschehen? Was ist aus unseren Träumen von lebenslanger Liebe und Treue geworden?"

Wenn Sie sich schon getrennt haben, fühlt es sich vielleicht ein bisschen so an wie Sterben. Jeder Tag, an dem Ihr Partner nicht da ist, erinnert Sie an das, was Sie verloren haben. Wenn Sie zwar noch unter einem Dach zusammenleben, sich aber emotional voneinander entfremdet haben, kann es sich ebenfalls so anfühlen, als ob etwas allmählich abstirbt – ein Traum, eine Hoffnung. Wir sprechen von einem Tal, dem „Schatten des Todes". Doch ein Schatten ist nicht dasselbe wie der Tod an sich. Ihre Ehekrise, ob Sie nun getrennt leben oder nicht, kann auch das Tal der Heilung sein und der Schmerz, den Sie verspüren, ist vielleicht der Geburtsschmerz, der Ihrer Ehe neues Leben schenkt.

In anderen Fällen ist eine Trennung allerdings der Anfang vom Ende. Was nach Ihrer Trennung kommt, wird von dem bestimmt, was Sie und Ihr Partner in den nächsten Wochen und Monaten sagen und tun.

In einem bildhaften Vergleich könnte man sagen, dass eine kriselnde Ehe auf der Intensivstation liegt, so wie ein Mensch mit einer lebensbedrohlichen Erkrankung auf die Intensivstation verlegt wird. Der Zustand Ihrer Ehe ist „äußerst kritisch". Er kann sich jeden Moment verschlechtern, aber auch verbessern. Die richtige Behandlung entscheidet über Leben und Tod, und genau das ist die Absicht dieses Buches. Eine Notoperation ist überlebenswichtig, deshalb sollten Sie einen Therapeuten oder Seelsorger aufsuchen. Was Sie in den nächsten Wochen tun oder lassen, hat entscheidenden Einfluss auf Ihre Lebensqualität in den nächsten Jahren. Sie können davon ausgehen, dass Gott sich sehr für das Ergebnis interessiert und Sie in diesem Prozess unterstützt.

Jetzt ist nicht die Zeit, um zu resignieren und aufzugeben. Der Einsatz für Ihre Ehe ist erst dann vorbei, wenn die Sterbeurkunde ausgestellt worden ist. Die Träume und Hoffnungen, die Sie hatten, als Sie geheiratet haben, sind es immer noch wert, dass Sie dafür kämpfen. Sie haben geheiratet, weil Sie damals bis über beide Ohren verliebt waren (oder zumindest glaubten, es zu sein). Sie haben von der perfekten Ehe geträumt, in der jeder Partner den anderen glücklich macht. Was ist aus diesem Traum geworden? Was ist falsch gelaufen? Was können Sie tun, um das Geschehene zu korrigieren?

Dieser Traum kann wieder zum Leben erweckt werden. Doch das geht nicht ohne harte Arbeit: Zuhören, Verständnis, Disziplin und Veränderungsbereitschaft – Arbeit, die damit belohnt werden kann, dass Ihr Traum wahr wird.

Ich weiß, dass jetzt einige von Ihnen sagen: „Das klingt gut, aber es wird nicht klappen. Das haben wir schon so oft versucht. Außerdem glaube ich nicht, dass mein Partner es noch einmal mit mir versuchen würde."

Vielleicht haben Sie recht, doch Sie sollten nicht davon ausgehen, dass die ablehnende Haltung Ihres Partners für immer so bleibt. Ein Geschenk, das Gott uns Menschen gemacht hat, ist die Freiheit, dass wir uns frei entscheiden dürfen. Wir können uns ändern; wir können uns sogar zum Besseren ändern. Vielleicht sagt Ihr Ehepartner im Moment noch: „Ich bin damit durch. Ich habe das Thema abgeschlossen. Darüber will ich nicht mehr reden!" Doch in zwei Wochen oder zwei Monaten ist Ihr Partner vielleicht doch bereit, das Gespräch mit Ihnen zu suchen. Viel hängt davon ab, wie Sie sich in der Zwischenzeit verhalten und wie Ihr Partner auf das Wirken des Heiligen Geistes reagiert.

Andere von Ihnen wenden ein: „Ich bin mir gar nicht sicher, ob ich noch an dieser Ehe arbeiten will. Ich habe es schon so oft versucht und so viel investiert. Es wird schiefgehen, deshalb kann ich genauso gut jetzt die Brocken hinschmeißen!" Für solche Gefühle habe ich großes Verständnis. Ich weiß, dass man nach vielen vergeblichen Versuchen irgendwann nicht mehr den Wunsch verspürt, es noch einmal zu probieren. Man sieht keinen Hoffnungsschimmer mehr und ist davon überzeugt, dass man keine Chance mehr hat. Die eigenen Gefühle ermutigen einen nicht gerade, noch mehr in die Ehe zu investieren. Das ist der Grund, weshalb ich niemals frage: „*Wollen* Sie an Ihrer Ehe arbeiten?" Sondern ich stelle die Frage: „*Werden* Sie an Ihrer Ehe arbeiten?" In einer Krisenzeit wollen wir meistens nicht mehr. Doch wir sollten uns an unsere Werte erinnern, an das Versprechen, das wir einander gegeben haben, und an unsere Träume – und wir sollten uns bewusst dafür entscheiden, alles dafür Nötige zu tun, um diesen Werten, Versprechen und Träumen treu zu bleiben.

Wo sollen wir uns Hilfe suchen? Für diejenigen unter uns, die Christen sind, gibt es eine zuverlässige Quelle, an die wir uns wenden können, wenn wir Orientierung brauchen. Diese Quelle ist die Bibel. Vielleicht werfen auch nicht-religiöse Menschen mal einen Blick in die Bibel, doch als Christen werden wir durch den Heiligen Geist dazu gedrängt. In der Bibel finden wir nicht nur Orientierung, was wir zu tun haben, sondern auch die Aufforderung, es wirklich in Angriff zu nehmen. Auch Menschen, die nur zufällig in der Bibel blättern, können von solchen Aussagen wie diesem Paulus-Zitat ermutigt werden: „Alles kann ich durch Christus, der mir Kraft und Stärke gibt“ (Philipper 4,13). Wenn wir zu Christus gehen, finden wir fremde Hilfe, wenn unsere eigenen Kraftreserven erschöpft sind.

Der falsche Weg!

Wenn wir in der Bibel nach Richtlinien für unsere Ehe suchen, entdecken wir zwei Straßenschilder: Auf dem einem steht *Falscher Weg*, auf dem anderen *Umleitung*. Auf dem Schild, das den falschen Weg markiert, steht als Ziel *Scheidung*. Auf dem Umleitungsschild steht als Ziel *Ehegemeinschaft*. Lassen Sie mich die Bedeutung und Richtung dieser beiden Schilder erklären.

Nach den Richtlinien des Alten und des Neuen Testaments ist eine Scheidung immer der falsche Weg. Als Gott in der Schöpfung zu Adam und Eva sagte: „Vermehrt euch, bevölkert die Erde und nehmt sie in Besitz!“ (1. Mose 1,28), gab er auch nicht den kleinsten Hinweis darauf, dass die Ehebeziehung nicht auf eine lebenslange Dauer angelegt sein sollte. Der erste Hinweis auf eine Scheidung steht in den Schriften des Mose[2]. Mose gab die Erlaubnis zur Scheidung, doch das wurde von Gott niemals gebilligt oder unterstützt. Jesus erklärte später den Pharisäern, dass Mose die Scheidung nur deshalb erlaubt habe, „weil er euer hartes Herz kannte“ (Matthäus 19,8), dass jedoch von Anbeginn der Zeit die Scheidung nicht zu Gottes Plan gehörte. Jesus unterstrich, dass Gottes Vorstellung für uns Menschen eine monogame, lebenslange Ehebeziehung

2 Siehe 3. Mose 21,14; 22,13; 4. Mose 30,9; 5. Mose 24,1-4.

ist. Als Gott die Ehe schuf, war Scheidung keine Option. Gott schuf die Scheidung genauso wenig, wie er sich die Polygamie ausdachte. Das sind menschliche Erfindungen. Und in Gottes Augen sind diese Erfindungen falsch.

Andererseits zeigt das Umleitungsschild, auf dem als Ziel *Ehegemeinschaft* steht, dass Sie weder das Ziel aus den Augen verloren haben noch vom Weg abgekommen sind. Stattdessen nehmen Sie gerade den umständlichen Weg der Trennung, da die Brücke Ihres Zusammenlebens eingebrochen ist. Streitigkeiten haben Ihre Ehe-Brücke geschwächt und der Weg zu einer neuen Gemeinschaft in Ihrer Ehe ist nicht länger eine direkte, gerade Straße.

Vielleicht fügt Ihnen das Umleitungsschild auch gerade Leid zu und Sie sind verzweifelt, doch hinter diesem Leid wartet die Hoffnung. Es gibt zumindest ein paar Hinweise darauf, dass Sie auf den richtigen Weg zurückfinden könnten – auf den Weg, der Sie zu einer erneuerten Ehe führt. Wenn Sie diesen Hinweisen folgen, stehen die Chancen gut, dass Sie den richtigen Weg finden.

Momentan haben Sie das Gefühl, dass Sie auf Ihrem Lebensweg mitten im Nebel stehen. In den nächsten Monaten müssen Sie entscheiden, welchem Weg Sie folgen wollen. Wir haben darüber gesprochen, dass Gott eine Scheidung zwar niemals unterstützt, doch dass er uns Menschen immer noch die Freiheit gibt, selbst Entscheidungen zu treffen. Im Laufe der Menschheitsgeschichte wurden schon viele falsche Entscheidungen getroffen. Doch Gott hat uns Menschen nach einer falschen Entscheidung nicht sofort zerstört. Hätte er das getan, wäre die Menschheit schon vor Tausenden von Jahren ausgelöscht worden. Gott gewährt uns echte Freiheit – auch die Freiheit, uns von ihm abzuwenden und unseren eigenen Weg zu gehen. Die Bibel weist uns darauf hin, dass wir alle – mal mehr, mal weniger – aufgrund dieser Freiheit ins eigene Verderben rennen (Jesaja 53,6).

Das Prinzip der menschlichen Freiheit, die Gott uns gewährt, wird in Galater 6,7 beschrieben: „Macht euch nichts vor! Gott lässt keinen Spott mit sich treiben. Was der Mensch sät, das wird er auch ernten" (Neue Genfer Übersetzung). Gott gestattet uns Menschen, dass wir die Ernte dessen einfahren, was wir gepflanzt haben, weil er hofft, dass wir es lernen, gute Saat zu säen: „Wer auf den Boden seiner selbstsüchtigen Natur sät, wird als Frucht seiner Selbstsucht das Verderben ernten. Wer dagegen auf den Boden von Gottes Geist sät, wird als Frucht des Geistes das ewige Leben ernten" (Galater 6,8; NGÜ).

Gottes Plan für seine Menschen ist gut. Er hat niemals etwas erschaffen, das uns Leid bringt. „Denn ich allein weiß, was ich mit euch vorhabe: Ich, der Herr, werde euch Frieden schenken und euch aus dem Leid befreien. Ich gebe euch wieder Zukunft und Hoffnung" (Jeremia 29,11). Wenn Gott sagt, dass Scheidung der falsche Weg ist, dann will er uns damit keine Steine in den Weg legen, die unser Leben verkomplizieren. Er zeigt uns den Weg zur Hoffnung.

„Aber wir haben keine Hoffnung", wenden Sie jetzt ein. Das mag stimmen, doch die Fehler aus der Vergangenheit müssen nicht unsere Zukunft bestimmen. Der Mangel an Erfüllung, den Sie in Ihrem Leben und in Ihrer Ehe verspüren, hat vermutlich eine dieser drei Ursachen: Ihre persönliche Beziehung zu Gott war gestört; die Beziehung zu Ihrem Ehepartner war gestört; Ihre Beziehung zu sich selbst war gestört. Die Beziehung zu Gott und sich selbst kann ohne die Mithilfe Ihres Ehepartners verändert werden. Doch der zweite Punkt verlangt selbstverständlich den Einsatz von beiden Partnern. Eine radikale Veränderung in allen drei Bereichen ist tatsächlich möglich und die Wahrscheinlichkeit für einen Neuanfang in Ihrer Ehe ist dann ziemlich hoch.

In den folgenden Kapiteln zeige ich Ihnen Wege, wie Sie Veränderungen in allen Bereichen beginnen können. Doch zuvor möchte ich noch einmal deutlich machen, dass das biblische Ideal für eine kriselnde Ehe die Versöhnung ist. Vielleicht fühlen Sie sich nicht nach Versöhnung. Vielleicht sehen Sie keine Hoffnung für einen Neubeginn oder Sie haben Angst vor dem Veränderungsprozess, der vor Ihnen liegt. Darf ich Sie trotzdem dazu auffordern, dem Beispiel und Vorbild Gottes zu folgen?

Reue und Versöhnung

Gottes Liebesbeziehung zu seinem Volk zieht sich durch die ganze Bibel – im Alten Testament mit dem Volk Israel und im Neuen Testament mit seiner Gemeinde. Immer wieder kam es zu einer Trennung zwischen Gott und seinen Menschen, weil Menschen – nicht Gott! – falsche Entscheidungen getroffen hatten. Eigentlich geht es in der ganzen Bibel nur darum, dass Gott sich darum bemüht, sich mit seinem Volk zu versöhnen. Das Buch des Propheten Hosea zeigt das in besonders anschaulicher Weise.

Gomer, die Ehefrau von Hosea, ist ihm wieder und wieder untreu, doch Gott sagt zu ihm: „Obwohl deine Frau deine Liebe nicht erwidert hat, sondern ständig die Ehe bricht, sollst du sie wieder bei dir aufnehmen und sie lieb haben. Denn auch ich liebe die Israeliten, obwohl sie anderen Göttern nachlaufen und deren Opfermahlzeiten essen" (Hosea 3,1). Trotz Israels Götzendienst und Untreue hofft Gott immer noch: „Doch dann werde ich versuchen, sie wiederzugewinnen: Ich will sie in die Wüste bringen und in aller Liebe mit ihr reden" (Hosea 2,16).

Im Neuen Testament drückt Jesus den Schmerz der Trennung so aus: „Jerusalem! O Jerusalem! Du tötest die Propheten und erschlägst die Boten, die Gott zu dir schickt. Wie oft schon wollte ich deine Bewohner um mich sammeln, so wie eine

Henne ihre Küken unter ihre Flügel nimmt! Aber ihr habt es nicht gewollt! Und nun? Von eurem Tempel werden nur noch Trümmer bleiben!" (Matthäus 23,37-38).

Im Buch Jeremia erinnert Gott an die Treue Israels, auch in schwierigen Zeiten, und dass er Israel vor den Feinden geschützt hatte. Doch dann erkaltete die Beziehung, es kam zur Trennung. „Vergisst ein Mädchen seinen Schmuck oder eine Braut ihr Hochzeitskleid? Mein Volk jedoch hat mich seit langer Zeit vergessen!" (Jeremia 2,32).

Der Rest des Buches ist eine einzige Bitte um Versöhnung: „So spricht der Herr: Komm zurück zu mir! Du warst mir untreu, doch ich will nicht länger zornig auf dich sein! Denn ich bin ein barmherziger Gott und werde dir vergeben" (Jeremia 3,12).

Gott lädt seine Kinder ein, zu ihm zurückzukehren, doch er fordert sie auch auf, ihr sündiges Verhalten zu ändern: „Wirf deine abscheulichen Götzen weg und wende dich nicht länger von mir ab" (Jeremia 4,1). Versöhnung ist ohne Reue nicht möglich. In einer Ehebeziehung müssen beide Seiten um Vergebung bitten, denn fast immer sind beide Partner an den Spannungen beteiligt.

Ich möchte keinesfalls all den Schmerz, die Verletzungen, die Enttäuschung, die Wut, den Ärger oder die Einsamkeit kleinreden, die Sie verspüren. Ich nehme auch Ihre bisherigen Bemühungen, Ihre Ehe wieder in Ordnung zu bringen, nicht auf die leichte Schulter. Ich möchte Sie mit diesem Kapitel vielmehr dazu herausfordern, den Kampf um Ihre Ehe anzugehen und – wenn Sie getrennt leben – diese Zeit zu nutzen, um innerlich zu wachsen und sich weiterzuentwickeln.

Manchmal bringt eine Trennung eine Art inneren Friedens mit sich. Dieser Frieden wird dann fälschlicherweise so gedeutet, dass eine endgültige Trennung und eine Scheidung doch der richtige Weg seien. Ein Ehemann sagte zu mir: „Das ist die erste Woche ohne Streit, die ich seit Jahren erlebt habe."

Dieser Friede resultiert daraus, dass Sie sich vom Kampfgeschehen zurückgezogen haben. Natürlich verspüren Sie Frieden; Sie haben ja auch das Konfliktfeld verlassen! Rückzug ist trotzdem niemals der Weg zum Erfolg. Aus diesem Rückzug sollten Sie mit neuer Entschlossenheit zurückkehren, um all das, was Ihre Ehe bedroht, zu bekämpfen.

Der Pastor, den ich in der Einleitung erwähnt habe, hatte zum Glück begriffen, dass eine vorübergehende Trennungsphase Sie aus dem immerwährenden Druck des Konfliktes herausholt. Dadurch können Sie sich auf biblische Wahrheiten besinnen, um Ihre Ehebeziehung zu verbessern. Ein vorübergehender Rückzug erlaubt es Ihnen, sich selbst zu hinterfragen und Ihre Gefühle von Ihrem Verhalten zu trennen. Vielleicht erreichen Sie dadurch eine Offenheit in Ihrer Kommunikation, die vorher nicht möglich war. Ein Rückzug ermöglicht es Ihnen, ein neues Verständnis von sich selbst und von Ihrem Ehepartner zu gewinnen. Daher ist eine Trennung nicht notwendigerweise der Anfang vom Ende, sondern sie kann auch der Anfang von einem Neubeginn sein.

Und wenn Sie noch nicht getrennt leben, es aber in Erwägung ziehen, weil Sie sich fragen, welche Zukunft Ihre Ehe noch hat, dann stehen Sie am Anfang einer langen, herausfordernden, doch vermutlich sehr lohnenden Reise. Entscheiden Sie sich dazu, diese Herausforderung als eine Einladung anzunehmen, um in Ihrer Zuneigung füreinander und in Ihrer Liebe zu wachsen.

Lassen Sie uns beginnen!

Übungen und Fragen, die weiterhelfen

1. Wenn Sie in Trennung leben oder in einer Ehekrise stecken, dann lesen Sie das nächste Kapitel mit der inneren Bereitschaft, etwas verändern zu wollen. Überprüfen Sie Ihre Einstellung und Ihr Verhalten kritisch!

Kapitel 2

Fangen Sie an, Ihre Ehe zu retten

Wo fangen Sie am besten an?

Viele Paare, die in einer Krise stecken, bemühen sich ernsthaft darum, ihre Ehe zu retten. Doch sie sind frustriert, weil immer wieder die gleichen Themen, die gleichen Konflikte zur Sprache kommen. Einige Ehepartner fragen sich, ob es möglich ist, ihre Ehe am Partner vorbei, also allein, zu retten. Andere sind, wie wir bereits gesehen haben, von den ständigen Auseinandersetzungen erschöpft. Es erfordert unglaublich viel Mut, um diese Skepsis und Ermüdung zu überwinden und den Heilungsprozess auf den Weg zu bringen. Wir brauchen viel Mut, um einem Menschen liebevoll zu begegnen, der uns schlecht behandelt hat, und wir brauchen Mut, um die Wahrheit in Liebe zu sagen und mit alten falschen Verhaltensmustern zu brechen.

Wir müssen uns ebenfalls darüber klar werden, dass eine Scheidung nicht die richtige Antwort ist. Früher gab es kaum Scheidungen. In den Jahren zwischen 1960 und 1980 ist die Scheidungsrate rasant gestiegen. Inzwischen haben sich die Zahlen auf einem gewissen Level eingependelt, doch diese Zahl ist immer noch viel zu hoch – und eine Scheidung wird meines Erachtens zu schnell als endgültige Lösung akzeptiert. Tatsächlich wird dadurch, dass eine Scheidung in unserer Gesellschaft salonfähig geworden ist, diese Option viel schneller in Erwägung gezogen. Wenn man hört, dass sich im Bekanntenkreis wieder ein Paar getrennt hat, denkt man unter Umständen: „Vielleicht wäre das eine Möglichkeit …" Bitte öffnen Sie diese Tür gar nicht erst!

Die entscheidende Frage ist: Sind Sie bereit, einen anderen Weg einzuschlagen? Ich möchte dieses Kapitel mit einer sehr persönlichen Frage beginnen, mit der gleichen Frage, die ich Ihnen stellen würde, wenn Sie mir in meinem Büro gegenübersäßen: Wollen Sie daran arbeiten, sich mit Ihrem Ehepartner zu versöhnen? Wollen Sie viel Kraft, Anstrengung und Zeit investieren, um herauszufinden, was Sie tun können, und das dann auch durchziehen?

Ich habe schon die Mauern erwähnt, die manche Ehepartner im Lauf der Zeit zwischen sich errichtet haben. Hier ein Erfahrungsbericht, in dem Judy, eine junge Frau, beschreibt, was in ihrer Ehe geschah:

> „Ich erinnere mich sehr gut an den Tag, an dem ich den ersten Stein in der Mauer legte. Wir waren damals seit neun Monaten verheiratet. Wir waren ins Kino gegangen und ich wartete darauf, dass Larry meine Hand nahm, um mir zu zeigen, dass der Zauber zwischen uns immer noch da war. Doch er tat es nicht. Je länger der Film dauerte, umso verletzter und wütender wurde ich. Er tat es mit einem Schulterzucken ab und wunderte sich, dass ich mich über eine Kleinigkeit so sehr aufregte.
> Im Lauf der Zeit wuchs die Mauer, gebaut aus Steinen von unterdrückter Wut, unerfüllten Bedürfnissen und Schweigen. Wir zeigten uns die kalte Schulter. Der Eheratgeber, den wir lasen, machte es nur noch schlimmer; die Paartherapie brachte uns nur noch mehr durcheinander."

Judy kam an den Punkt, dass sie glaubte, eine Scheidung sei die einzig mögliche Antwort – bis sie (klugerweise) erkannte, dass sie dann möglicherweise in einer Ehe mit einem Mann enden würde, der Larry sehr ähnlich wäre. Wenn sie eine solche Ehe einginge, würden sich ihre Probleme multiplizieren – in den Kindern des neuen Partners, in ihren Kindern, in Sorgerechtsstreitigkeiten und Kämpfen um Unterhaltszahlungen. Gott zeigte ihr, dass sie durch eine Scheidung zwar ihrem momentanen Schmerz entfliehen könnte, aber auf lange Sicht gesehen einen hohen Preis dafür zahlen müsste. Und für diesen Preis war sie nicht bereit.

Judy wusste, dass sie ihren Ehemann nicht würde ändern können. Doch sie konnte sich selbst ändern. Und so fing sie an, liebevoller und geduldiger zu werden, weniger zu kritisieren und nicht mehr so viel zu fordern. Es dauerte sehr lange, doch das Ergebnis war eine stabilere, tiefere Beziehung, „geboren aus Leid und Gehorsam".

Es ist niemals leicht, die mühsame harte Arbeit in Angriff zu nehmen, um eine Ehe zu heilen. Je tiefer der Schmerz, desto länger dauert der Heilungsprozess. Es erfordert Ehrlichkeit, Mut, die Bereitschaft zur Reue und die unerschütterliche Gewissheit, dass Sie sich Ihr Leben ohne diesen Menschen, an den Sie sich vor langer Zeit so bereitwillig und glücklich gebunden haben, nicht vorstellen können.

Zugleich kann sich ein Ehepaar zu Beginn des Versöhnungsprozesses konstruktive Verhaltensmuster und eine positive Einstellung angewöhnen. Besonders wenn die Ehepartner getrennt leben, stellen sie fest, dass sie die immer gleichen destruktiven Gespräche führen, wenn sie sich treffen. Doch wenn ein Paar sich bereit erklärt, an ihrer Ehe zu arbeiten, dann sind sie bereit, die Konflikte anzugehen, die sie auseinandergebracht haben. Jetzt können sie sich mit dem Problem auseinandersetzen, nicht mit dem Partner. Ich möchte Ihren Blick auf Wegweiser lenken, die Ihnen helfen, einige dieser „Stolpersteine" aus dem Weg zu räumen, damit Sie die anstrengende Arbeit der Versöhnung beginnen können.

„Wie konntest du mir das antun?“

Jan und Nicole leben seit drei Monaten getrennt. Einmal in der Woche kommt Jan vorbei, um ihre gemeinsame fünfjährige Tochter Joy zu besuchen. Manchmal geht er mit Joy zum Essen aus, manchmal lädt Nicole ihn zum Abendessen ein. Meistens lehnt Jan ihre Einladung ab, doch zweimal hat er sich darauf eingelassen. Nicole bemüht sich sehr, positiv zu sein, doch bei jedem Treffen unterstellt sie Jan, dass er sich mit einer anderen Frau treffe. Von diesem Moment an läuft das Gespräch jedes Mal aus dem Ruder.

Dann dauert es nicht lange, bis sie ihm wieder vorwirft: „Wie konntest du mir das antun? Was glaubst du denn, wie ich mich dabei fühle? Wie sich Joy dabei fühlt? Glaube nur nicht, dass sie nicht wüsste, was hier geschieht! Sie mag zwar noch klein sein, aber sie weiß ganz genau, was du tust.“

Jan schwankt zwischen dem Wunsch nach Vergeltung und Rückzug, wenn eine solche Attacke kommt. Wenn er sich entscheidet, es Nicole heimzuzahlen, kann er mit seinen Worten genauso verletzend sein wie sie; doch normalerweise ist Schweigen seine übliche Antwort. Manchmal geht er einfach, auch wenn seine Frau noch weint. Für Nicole ist das eine weitere Zurückweisung, also wächst ihre Ablehnung. Offensichtlich führt der Weg der Trennung die beiden nicht zu einer Versöhnung. Wenn sie mit diesem Verhalten weitermachen, werden sie sich mit Sicherheit scheiden lassen.

Ohne es zu merken, erreicht Nicole vermutlich genau das Gegenteil von dem, was sie möchte. Sie ist eine Gefangene ihrer negativen Gefühle und ihrer pessimistischen Einstellung geworden. Die gemeinsame Zeit gestaltet sie extrem unattraktiv. Welcher Mann mit einigermaßen gesundem Menschenverstand würde jemals zu einer Frau zurückkehren wollen, die sich so verhält? Ich sage nicht, dass er nicht zurückkehren wird – dafür kann er sich ja auch trotz ihres Verhaltens entscheiden.

Auf jeden Fall fördert Nicole durch ihr Verhalten nicht gerade die Versöhnung, sondern bewirkt im Gegenteil eine weitere Entfremdung.

Der erste Wegweiser heißt: *Achten Sie auf Ihr Verhalten und auf eine positive Einstellung.* Wir können zwar nicht über unsere Gefühle entscheiden, doch wir können uns dazu entscheiden, wie wir uns verhalten wollen.

Geben Sie Ihre negativen Gefühle ruhig zu, doch lassen Sie sich von diesen nicht bestimmen. Ein besseres Verhalten wäre es, wenn Nicole sagen würde: „Jan, du sagst, dass du dich nicht mit einer anderen Frau triffst, doch ich weiß wirklich nicht, was ich glauben soll. Ich möchte dir so gerne glauben, doch nach dem, was wir in der Vergangenheit erlebt haben, fällt mir das wirklich schwer. Ich weiß nur, dass wir – solange du eine andere Beziehung hast – niemals wieder zusammenkommen können. Du musst die Entscheidung treffen. Und in der Zwischenzeit möchte ich mich nicht von meiner Wut bestimmen lassen. Ich möchte dich nicht während unserer Treffen angreifen, schon gar nicht vor den Augen unserer Tochter."

Jetzt hat sich Nicole so weit von ihren Gefühlen befreit, dass sie ein konstruktives Gespräch mit Jan führen kann. Sie hat ihre Gefühle zugegeben, doch sie lässt sich nicht von ihnen beeinflussen.

Und was ist mit Jan? Was denkt und fühlt er? Möglicherweise fühlt er sich nicht geliebt und hat vielleicht aufgrund ihres früheren Verhaltens für Nicole nur negative, feindselige Gefühle übrig. Solche Gefühle müssen ebenfalls benannt werden. Vielleicht rühren seine Gefühle aus einer „Das-zahle-ich-dir-heim"-Einstellung. Vielleicht ist er der Meinung: „Sie hat meine Bedürfnisse nach Liebe nicht erfüllt, also war ich gezwungen, mich woanders umzusehen." Auf diese Weise macht er seine Frau für sein Fehlverhalten verantwortlich.

Wie würde Jan sich verhalten, wenn er sich dazu entschließt, aktiv an einer Versöhnung mitzuarbeiten? Zuerst beginnt er damit, sich seiner eigenen Gefühle bewusst zu werden und sie zu benennen. Er könnte etwa Folgendes zu Nicole sagen: „Ich hatte lange das Gefühl, dass du mich nicht wirklich liebst. Ich habe es immer und immer wieder versucht, doch du hast dich kühl und abweisend verhalten ... daher habe ich allmählich auch nur noch Ablehnung und Wut dir gegenüber verspürt. Doch ich hoffe, dass sich diese Gefühle ändern werden."

Außerdem muss er ehrlich sein, was seine Beziehung zu anderen Frauen betrifft. Wenn er sich in eine andere Frau verliebt hat, muss er darüber sprechen. Versöhnung beginnt immer an dem Punkt, an dem wir uns gerade befinden. Romantische Gefühle müssen benannt werden, doch wir müssen uns ihnen nicht ausliefern. Eine Versöhnung ist nur möglich, wenn eine Affäre, die es möglicherweise gibt, endgültig beendet wird. Jan könnte zu Nicole sagen: „Ja, ich treffe mich mit einer Frau. Ich bin so einsam. Diese Frau hilft mir, dass ich mich besser fühle. Doch ich werde mich von ihr trennen – wenn du bereit bist, gemeinsam mit mir an einem Neuanfang unserer Ehe zu arbeiten."

Wenn Jan allerdings nur freundschaftliche Beziehungen zu anderen Frauen hat, und er nicht in sie verliebt ist oder etwas für sie empfindet, dann muss er das auch deutlich machen. Er könnte sagen: „Nicole, ich weiß, du kannst es kaum glauben, dass es keine andere Frau gibt. Aber so ist es und ich will alles dafür tun, um dir zu beweisen, dass ich nicht in jemand anderen verliebt bin. Ich weiß, dass du mir eines Tages wieder glauben kannst." Mit solchen Aussagen und einem solchen Verhalten zeigt Jan, wie ernst ihm die Versöhnung mit seiner Frau ist.

Die „andere Person"

Erinnern Sie sich an Ellie und Luke, die ich Ihnen zu Beginn dieses Buches kurz vorgestellt habe? Ellie hatte nach drei Jahren Ehe entdeckt, dass Luke sich mit einer anderen Frau traf; einer Kollegin, die er bei einer beruflichen Veranstaltung kennengelernt hatte. Als Ellie diese Entdeckung gemacht hatte, war ihre Ehe für sie am Ende. Sie verlangte von Luke, dass er auszog, und das tat er auch.

Viele Trennungen werden dadurch ausgelöst, dass eine weitere Person im Spiel ist. Die Ehebeziehung ist vielleicht schon seit vielen Wochen zerstört. Es gibt keine Wärme, kein Verständnis, keine Gemeinsamkeit mehr – erinnern Sie sich? Ellie hatte schon seit einer ganzen Weile eine Entfremdung zwischen sich und Luke wahrgenommen. Zum richtigen Zeitpunkt trifft dann einer der Partner jemand anderen, verliebt sich oder fühlt sich zumindest physisch-emotional zu dieser Person hingezogen, was dann zu einer Affäre führen kann – entweder sexuell oder emotional. Und irgendwann entscheidet sich dieser Ehepartner dann, auszuziehen; womöglich in der Hoffnung, dass diese Affäre irgendwann in eine neue Ehe münden könnte.

Der betrogene Ehepartner weiß vielleicht um diese Affäre. In manchen Fällen spricht der Ehepartner offen über die andere Person; in anderen Fällen ist er sehr verschwiegen. In jedem Fall ist ein solches Verhalten völlig kontraproduktiv zu einer Versöhnung. Daher lautet der zweite Wegweiser: *Vermeiden oder beenden Sie jede romantische Affäre mit einer anderen Person.* Eine Affäre sollte niemals eine Option sein.

Verstehen Sie mich nicht falsch: Ich kann sehr gut nachvollziehen, in welches Dilemma Sie eine Affäre stürzt. Sie können sich mit dem Gedanken an die Scheidung nicht anfreunden, doch momentan bedeutet Ihnen die Affäre viel mehr als Ihre kaputte Ehe. In wenigen Wochen oder Monaten lieben

Sie diesen neuen Partner womöglich mehr als Ihren Ehepartner. Sie können sich so ungezwungen unterhalten, Sie verstehen sich blind. Es scheint, als wären Sie beide füreinander bestimmt. Wie kann es falsch sein, wenn es sich so richtig anfühlt? Und dann kommen Sie zu dem Schluss, dass Gott Ihnen vergeben und sich irgendwann alles zum Guten wenden wird.

Es ist richtig, dass Gott uns vergibt, wenn wir unsere Sünde aufrichtig bekennen und bereuen. Reue bedeutet jedoch auch, dass wir uns von der Sünde abwenden. Gott wird uns nicht vergeben, wenn wir weiterhin sündigen. Und Vergebung löscht auch nicht alle Folgen der Sünde aus. Ein Ereignis aus dem Leben von David ist dafür ein gutes Beispiel (2. Samuel 11,1–12,31). Eines Abends, als er auf dem Dach seines Palastes spazieren ging, sah er auf einem gegenüberliegenden Dach Batseba, die ein Bad nahm. Das, was er da sah, gefiel David sehr gut, also ging er noch ein wenig weiter. Er ließ sie in seinen Palast bringen und begann schließlich eine sexuelle Beziehung mit ihr. Nachdem er sie wieder nach Hause geschickt hatte, machte er mit seinem normalen Alltag weiter.

Doch es ergab sich ein kleines Problem. Batseba informierte David, dass sie schwanger war. Ihr Ehemann Uria war seit Monaten im Krieg. David ließ ihn zurückholen, damit er sich ein wenig ausruhen und entspannen konnte – in der Hoffnung, dass er mit seiner Frau schlafen und darum glauben würde, das Kind sei von ihm. (Wenn wir uns einmal in Sünde verstrickt haben, versuchen wir, unser Fehlverhalten zu vertuschen.) Doch Davids Plan ging nicht auf, weil Uria seine Verpflichtungen der Armee gegenüber ernster nahm, als David vermutet hatte. Uria weigerte sich, zu seiner Frau zu gehen, solange seine Kameraden im Krieg kämpften. Selbst als David ihn betrunken machte, war Urias Loyalität doch stärker als sein Rausch. Deshalb ging David zu Plan B über.

Er beorderte Uria in die vorderste Kampflinie, wo er getötet wurde. Nun konnte David Batseba heiraten, was er auch schnellstmöglich tat. Alles war wieder gut und sie lebten glücklich bis an ihr Lebensende. Richtig? Nein, falsch! Lesen Sie Psalm 51, wenn Sie das Schuldbekenntnis eines gebrochenen Herzens hören wollen, geschrieben von einem zutiefst unglücklichen König David.

Wir sind nie besser dran, wenn wir gesündigt haben. Sündenbekenntnis und Vergebung löschen die Folgen unseres Fehlverhaltens nicht aus. Die emotionalen Narben, die eine Trennung und Scheidung verursachen, werden nie verschwinden. Der Schmerz, der tief in die Seelen unserer Kinder geprägt wird, wird nie ganz ausgelöscht werden. Unsere ganze Gesellschaft ist zutiefst von dem „Wegwerf-Virus" befallen. Wenn wir von irgendetwas nicht mehr begeistert sind, entsorgen wir es. Dabei spielt es keine Rolle, ob es sich dabei um ein Auto oder um einen Ehepartner handelt. Kein Wunder, dass unsere Kinder so verunsichert sind. Kein Wunder, dass so viele Menschen so wenig Hoffnung in eine Ehe setzen. Auf gegenseitige Versprechen scheint man sich nicht mehr verlassen zu können.

Ich kann so gut nachvollziehen, welchen Schmerz und welche Probleme Sie empfinden, wenn Sie die vertrauensvolle Beziehung zu Ihrem Ehepartner verloren und sich in eine andere Person verliebt haben. Aber wir dürfen uns unseren Gefühlen nicht ausliefern. Das ganze Leben steht dabei auf dem Spiel. Wenn wir ausschließlich unseren Gefühlen folgen, befinden wir uns auf dem sicheren Weg in die Einsamkeit und in den Ruin. Mehr als die Hälfte derjenigen, die eine weitere Ehe eingehen, werden sich erneut scheiden lassen.

Es ist in unserem eigenen Interesse, wenn wir zu unseren Ehepartnern zurückkehren, unsere Konflikte lösen, Liebe neu lernen und unsere gemeinsamen Träume wiederentdecken.

Scheidung = Glück?

Der dritte Wegweiser lautet: *Eine Scheidung führt nicht zu Ihrem persönlichen Glück.* Zu diesem Ergebnis kommt eine Studie der international renommierten Wissenschaftlerin Judith S. Wallerstein. Sie begann ihre Untersuchungen mit der These, dass eine Scheidung zwar kurzzeitig schmerzhaft sei, aber langfristig zu einem glücklicheren Leben führe. Doch nachdem sie ausführlich geforscht und viele Familien befragt hatte, kam sie zu der Schlussfolgerung, dass ihre These falsch sei. Eine Scheidung führt nicht zu einem zufriedeneren oder glücklicheren Leben für die Ehepartner oder ihre Kinder. Tatsächlich haben sowohl die Ehepartner als auch ihre Kinder ihr Leben lang mit den Folgen einer Scheidung zu kämpfen. Ihre Ergebnisse hat die Wissenschaftlerin in einer Studie festgehalten[3].

Ich will nicht behaupten, dass der Weg zur Versöhnung einfach ist, aber es ist der richtige Weg und es lohnt sich, die Mühe zu investieren. Unzählige Paare hatten ihre Ehe schon aufgegeben, aber dann doch die Wende zum Guten geschafft. Auch Sie können das schaffen.

Verlassen Sie sich nicht auf Ihre Gefühle

Wenn Sie den Wegweiser Nr. 2 überfahren und sich in eine Affäre verstrickt haben, dann sollten Sie dieser Person gegenüber mit Respekt, Würde und Achtung begegnen und sich von ihr trennen. Eine Beendigung der Affäre macht eine Scheidung weniger interessant und eine Versöhnung nicht mehr ganz so unwahrscheinlich. Doch wie beendet man eine Affäre? Zuerst sollten Sie Ihrer oder Ihrem Geliebten gegenüber deutlich

3 Siehe Judith Wallerstein und Sandra Blakeslee, *Second Chances: Men, Women, and Children a Decade After Divorce; Who Wins, Who Loses – and Why* (New York: Ticknor & Fields, 1989).

machen, dass Sie sehr um sein oder ihr Wohlergehen besorgt sind. Sie müssen zugeben, dass Sie sich falsch verhalten haben, als Sie Ihr Eheversprechen missachteten. Sagen Sie klar und deutlich, dass Sie eine Versöhnung mit Ihrem Ehepartner erreichen wollen. Es ist in Ordnung, wenn Sie zugeben, dass Sie weiterhin Gefühle für Ihren Geliebten oder Ihre Geliebte haben, doch Sie müssen deutlich machen, dass Sie sich bewusst entscheiden, das zu tun, was richtig ist, und nicht das, das sich nur gut anfühlt. Erinnern Sie sich? Der direkte Weg zum Misserfolg besteht darin, ausschließlich seinen Gefühlen zu folgen. Sie erleben das größte Glück, wenn Sie das tun, was richtig ist, und nicht blind Ihren Gefühlen folgen.

Doch was ist, wenn Sie selbst der betrogene Ehepartner sind? Ihr Partner hat eine Affäre und hat sich von Ihnen getrennt. Oder Sie vermuten, dass er fremdgeht, und haben deshalb eine Trennung vorgeschlagen. Zuerst müssen Sie sich bewusst machen, dass diese dritte Person niemals die alleinige Schuld an der Trennung hat. Tatsächlich lautet Wegweiser Nr. 4: *Eheprobleme werden von den Ehepartnern verursacht, nicht von einer Person außerhalb der Ehe.* Deshalb müssen sich beide Partner um eine Versöhnung bemühen. Fast immer beginnen die Schwierigkeiten in der Ehe schon viel früher, bevor es tatsächlich zu einer Affäre kommt. Es sind Ihre Fehler und die Fehler Ihres Ehepartners, die die Ehekrise verursacht haben. Ungelöste Konflikte, ungestillte Bedürfnisse und verbohrter Egoismus zersetzen eine Beziehung über Wochen und Monate hinweg.

Wie sollten Sie auf die Affäre Ihres Ehepartners reagieren? Natürlich mit Missbilligung. Doch wie können Sie diese Missbilligung ausdrücken? Mit Wutausbrüchen voller Hass und Verurteilung? Indem Sie sich selbst auf eine Affäre einlassen? Gewiss, Sie sind enttäuscht und zutiefst verletzt, doch was bringt Sie einer Versöhnung näher? Jedenfalls nicht, wenn Sie sich so verhalten wie eben beschrieben. Ja, Sie müssen Ihre

Gefühle benennen, doch Sie dürfen sich nicht von Ihnen bestimmen lassen. Sagen Sie Ihrem Ehepartner, wie tief verletzt Sie sind; geben Sie zu, dass auch Sie Fehler gemacht haben, und bemühen Sie sich um Versöhnung.

Vielleicht reagiert Ihr Ehepartner nicht sofort oder die erste Reaktion ist ablehnend, doch Sie haben den ersten Schritt getan. Danach lassen Sie nicht zu, dass die Affäre das bestimmende Thema wird. Widerstehen Sie der Versuchung, jedes Mal darüber zu sprechen, wenn Sie sich unterhalten. Konzentrieren Sie sich vielmehr darauf, Ihre Partnerschaft von Grund auf zu erneuern und zu reparieren.

Womöglich wird Ihr Ehepartner die Affäre nicht sofort beenden, doch je mehr Sie dafür tun, um Konflikte zu lösen und die Kommunikation zu verbessern, umso attraktiver wird eine Versöhnung. Wenn Sie ständig Ihrer Wut freien Lauf lassen oder im Selbstmitleid versinken, erscheint Ihrem Partner eine mögliche Versöhnung nicht sehr wünschenswert.

Drücken Sie Ihre Hoffnung aus und seien Sie zuversichtlich, dass Sie beide gemeinsam Antworten auf Ihre Fehler der Vergangenheit finden. Wenn Sie selbst hoffnungsvoll sind, wird das auch in Ihrem Partner Hoffnung wecken. Sicherlich können Sie sich nicht versöhnen, solange der andere die Affäre nicht beendet hat, doch setzen Sie keine Deadline und stellen Sie auch keine Forderungen, die Ihr Partner erfüllen muss. (Wenn es bei Ihrer Trennung allerdings um psychischen Missbrauch oder anderes destruktives Verhalten geht, müssen Sie sehr deutlich artikulieren, was Sie von Ihrem Partner erwarten, sollte es je zu einer Versöhnung kommen. Darauf werden wir in Kapitel 7 ausführlicher eingehen.) Geben Sie Ihrem Partner ausreichend Zeit zum Nachdenken und Beten und dafür, eigene Entscheidungen zu treffen. Eine Versöhnung lässt sich nicht erzwingen – Sie können diese Möglichkeit aber so attraktiv wie möglich scheinen lassen.

An dieser Stelle ist es wichtig zu erwähnen, dass in manchen Fällen psychische Probleme oder Schwierigkeiten aus der Vergangenheit dazu beitragen, dass sich einer der Partner auf einen Seitensprung einlässt. Missbrauch, Depressionen oder schwere psychische Störungen können bestimmende Faktoren sein. Luke beispielsweise hatte mit sehr tief gehenden Problemen aus der Vergangenheit zu kämpfen. In diesem Fall muss ein Therapeut einbezogen werden, um Ihnen zu helfen, diese Probleme aufzuarbeiten.

Eine neue Beziehung während der Trennungszeit

Wenn Sie getrennt leben, fragen Sie sich vielleicht: „Kann ich eine neue Beziehung beginnen, während ich getrennt lebe?" Wie oft habe ich diese Frage schon gehört? Genauso oft habe ich die folgende Antwort gegeben: „Wenn Sie nicht frei für eine neue Heirat sind, haben Sie auch nicht die Freiheit, eine neue Beziehung einzugehen." Der fünfte Wegweiser auf dem Weg zur Versöhnung heißt: *Gehen Sie während der Trennungszeit keine neue Beziehung ein.*

Wenn Sie nicht frei sind, um zu heiraten, sollten Sie auch nicht eine neue Beziehung eingehen. Seitdem ich getrennt lebende Paare seelsorgerlich begleite, habe ich festgestellt, dass eine mögliche Versöhnung immer schwieriger wird, wenn man mit jemand anderem eine neue Beziehung eingegangen ist. Das Wasser wird immer trüber.

Ich weiß, dass Sie Bedürfnisse haben; Sie fühlen sich einsam. Manchmal scheint die Last, die Sie zu schultern haben, viel zu schwer. In unserer Gesellschaft wird man fast dazu gedrängt, eine neue Beziehung anzufangen, wenn man sich von seinem Partner getrennt hat. Doch viele, die sich auf eine neue Beziehung einlassen, werden keine Versöhnung mit ihrem Ehepartner erreichen, sondern geradewegs auf die Scheidung zusteuern. Eine neue Beziehung ist der Auftakt zu einer neuen Ehe und kein Hilfsmittel für eine Versöhnung.

Natürlich brauchen Sie Freunde. Sie brauchen ein offenes Ohr. Sie brauchen Menschen, die sich um Sie sorgen und helfen, Ihre Last mitzutragen, doch eine neue Beziehung ist nicht der beste Weg, um diese Unterstützung zu bekommen. Mehr dazu lesen Sie in Kapitel 7.

Während einer Trennungszeit sind Sie extrem verletzlich. Leider gibt es genug Menschen, die Ihre Verletzlichkeit ausnutzen wollen. Auch wenn sie vorgeben, sie würden sich um Sie sorgen, geht es ihnen allein darum, ihre eigenen Bedürfnisse zu stillen. Ich habe schon so viele Männer und Frauen gesehen, die durch eine solche Erfahrung am Boden zerstört waren. Weil Ihre eigenen Gefühle momentan unberechenbar sind, ist die Gefahr für Sie riesengroß, dass Sie sich in jemanden verlieben, der Sie nicht mit Würde, Respekt und Wärme behandelt.

Ist Ihnen schon einmal aufgefallen, wie viele Menschen schon kurz nach der Scheidung gleich wieder heiraten? Ganz offensichtlich haben sie schon während der Trennungszeit eine neue Beziehung begonnen. Warum sollte man aber Zeit und Energie in eine Beziehung investieren, wenn die Zeit der Trennung doch dabei helfen soll, sich mit dem Ehepartner zu versöhnen? Eine Trennung ist nicht gleichbedeutend mit einer Scheidung. Sie sind immer noch verheiratet, auch wenn Sie getrennt leben, und so sollten Sie sich auch verhalten – egal, ob der Ehepartner sich so verhält oder nicht.

Wenn Sie davon überzeugt sind, dass der Mensch die Freiheit besitzt, Entscheidungen zu treffen, dann müssen Sie auch Ihrem von Ihnen getrennt lebenden Partner die Freiheit zugestehen, dass er die Entfremdung bereut und nach Versöhnung sucht. Auf diesen Moment sollten Sie vorbereitet sein. Sich auf eine Beziehung mit jemand anderem einzulassen, ist keine gute Vorbereitung. Suchen Sie nach Freundschaften, aber achten Sie darauf, dass keine romantischen Gefühle ins Spiel kommen, bevor nicht das endgültige Ende Ihrer Ehe feststeht.

Selbst wenn Sie sich noch nicht getrennt haben, Ihre Ehe jedoch in einer Krise steckt und Sie sich fragen, wem Sie sich öffnen könnten, sind Sie sehr verletzlich. Vor allem Frauen können sich von einem Mann angezogen fühlen – einem Kollegen, dem Ehemann einer Freundin, einem Bekannten aus dem Hauskreis oder der Gemeinde –, der sie zu „verstehen" scheint, wie es der eigene Mann offensichtlich nicht mehr tut. „Nichts ist attraktiver für eine Frau als das Gefühl, dass dieser Mann sie versteht. Und wenn er sie auf eine Weise versteht, wie es ihr Ehemann nicht tut, dann passen Sie auf", sagte mir einmal eine Frau.

Ja, ich kann verstehen, dass Sie sich nach Wärme und Freundschaft sehnen. Aber seien Sie sich der Risiken bewusst.

Wenn Sie bereit sind, auf eine Versöhnung hinzuarbeiten, ist es wichtig, dass Sie sich eine positive Grundeinstellung bewahren, dass Sie eine außereheliche Affäre beenden, dass Sie die Schuld für Ihre Eheprobleme nicht einer dritten Person in die Schuhe schieben, dass Sie keine neue Beziehung eingehen und dass Sie einander mit Respekt und Achtung während der Trennungszeit begegnen. Wenn Sie diese Grundsätze missachten, besteht nur wenig Hoffnung auf eine Versöhnung.

Die Übungen und Fragen am Ende des Kapitels sollen Ihnen helfen, dass Sie sich selbst besser verstehen und konstruktive Schritte in Richtung Versöhnung gehen können.

Übungen und Fragen, die weiterhelfen

1. Was müssen Sie an Ihrer Einstellung oder an Ihrem Verhalten ändern, wenn Sie auf eine Versöhnung hinarbeiten wollen? Überlegen Sie sich eine Liste mit fünf Punkten, die Sie mit den Worten „Ich nehme mir vor, dass …“ beginnen.

2. Sind Sie wirklich bereit, diese Veränderungen in Angriff zu nehmen? Dann fangen Sie am besten gleich heute an. Sie müssen Ihrem Ehepartner nicht erklären, was Sie vorhaben. Nutzen Sie einfach jede Gelegenheit, um es ihm vorzuleben.

Kapitel 3

Verändern Sie sich selbst, dann verändern Sie auch Ihre Ehe

Sie sind vielleicht nicht in der Lage, Ihren Ehepartner zu verändern, doch sich selbst können Sie verändern.

In Kapitel 1 haben wir schon erwähnt, dass eine Ehe aus drei Gründen scheitern kann: Ihre persönliche Beziehung zu Gott war gestört; die Beziehung zu Ihrem Ehepartner war gestört; Ihre Beziehung zu sich selbst war gestört. Über den letzten Punkt werden wir in diesem Kapitel sprechen. Vielleicht sind jetzt einige der Meinung, wir sollten uns zuerst um unsere Beziehung zu Gott kümmern, doch tatsächlich wird unsere Gottesbeziehung sehr stark von unserer Eigenwahrnehmung beeinflusst. Sie sollten dieses Kapitel als Gelegenheit nutzen, um die Stärken und Schwächen Ihrer eigenen Persönlichkeit zu entdecken und um erste Schritte zu Ihrem persönlichen Wachstum zu gehen. Auch wenn Sie nicht in einer Trennungssituation leben, sondern in einer Ehekrise stecken, ist es möglich und auch nötig, dass Sie genauer auf sich selbst schauen und sich in einigen Punkten verändern.

Die meisten von uns neigen dazu, sich selbst entweder zu überschätzen oder zu unterschätzen. Wir sehen uns selbst als nutzlose Geschöpfe oder als Gottes großes Geschenk an die Menschheit. Beide Sichtweisen sind falsch. Die Wahrheit ist vielmehr, dass alles, was Sie als Person ausmacht, Ihr Verhalten, Ihre Art zu denken, Ihre Gefühle jeweils Stärken und Schwächen hat.

„Es hat Jahre gedauert, bis ich mich selbst annehmen konnte“

Eine Person mit Minderwertigkeitsgefühlen neigt dazu, die Schwächen zu betonen. Wenn wir uns auf unsere Schwachpunkte fokussieren, erscheinen wir uns selbst als Versager. Wenn wir unseren Fehlern zu viel Aufmerksamkeit schenken, erleben wir uns selbst als Schwächling. Solche Minderwertigkeitsgefühle haben ihren Ursprung häufig in der Kindheit, wenn Eltern oder andere Bezugspersonen – unbeabsichtigt – kommuniziert haben, wir seien dumm, hässlich, ungeschickt oder auf andere Weise nicht gut genug.

Ein dreizehnjähriger Junge, der unter einem Magengeschwür litt, sagte mir einmal: „Dr. Chapman, ich mache niemals etwas richtig.“

„Warum sagst du denn so etwas?“, fragte ich.

„Na ja“, antwortete er, „wenn ich im Zeugnis eine Zwei habe, sagt mein Vater immer: ‚Du hättest auch eine Eins schaffen können, mein Sohn. Du bist doch schlau.‘ Wenn ich Basketball spiele und zwei Punkte für meine Mannschaft erziele, sagt mein Vater: ‚Da hättest du einen Dreier werfen sollen. Kannst du dich nicht mal anstrengen?‘ Wenn ich den Rasen mähe, sagt er: ‚Unter dem Gebüsch hast du nicht ordentlich gemäht.‘ Ich kann einfach nichts richtig machen!“

Der Vater hatte keine Ahnung, welche Botschaft er seinem Sohn damit vermittelte. Seine Absicht war es, seinen Sohn herauszufordern, das Beste zu geben, doch tatsächlich gab er ihm das Gefühl, dass er niemals gut genug war.

Eine Frau erzählte mir einmal: „Als Kind hatte ich immer das Gefühl, dass meine Schwester in so vielen Bereichen besser war als ich, z. B. im Sport. Und sie hatte immer viele Freunde um sich geschart. Sie hatte glattes Haar, als glatte Haare angesagt waren, und ich nicht. Meine Eltern haben mir nie das Gefühl gegeben, ich sei weniger wert – das war ich selbst.

Es hat Jahre gedauert, bis ich mich selbst annehmen konnte, und manchmal überfallen mich diese alten Gefühle heute noch."

Für gewöhnlich werden Minderwertigkeitsgefühle dadurch gefüttert, dass wir uns ständig mit anderen vergleichen. Die Person, die sich unterlegen fühlt, sucht immer den Vergleich mit denjenigen, die in diesem Punkt besser sind. Natürlich finden wir immer jemanden, der hübscher oder eleganter, sportlicher oder intelligenter ist. Doch was ist mit den Tausenden Menschen, die *Ihnen* in diesem Punkt unterlegen sind? Wenn man sich minderwertig fühlt, kommt man nie auf die Idee, sich mit denen zu vergleichen, die mit uns nicht mithalten könnten.

Das erinnert mich an den biblischen Bericht der israelitischen Spione aus 4. Mose 13. Mose hatte zwölf Spione nach Kanaan geschickt. Die Mehrheit (zehn von zwölf) berichtete: „Alle Menschen, die wir gesehen haben, sind groß und kräftig. Die Anakiter, die wir getroffen haben, sind Riesen. In deren Augen waren wir klein wie Heuschrecken, und so haben wir uns auch gefühlt!" (4. Mose 13,32-33).

Diese „Heuschrecken-Mentalität" ist typisch für Menschen mit Minderwertigkeitsgefühlen. Unzählige Frauen haben schon gesagt: „Ich finde mich so hässlich und ich weiß, dass die anderen auch so über mich denken." Eine Frau fand sich sogar so hässlich, dass sie sich weigerte, zum Einkaufen zu gehen, weil sie nicht gesehen werden wollte. Diese Frauen waren ausnahmslos *nicht* hässlich. Sie waren nur der Meinung, dass andere Menschen sie so wahrnahmen, wie sie sich selbst sahen.

Drei Perspektiven gehören dazu, um ein Selbstbild zu entwickeln: 1. meine eigene Selbstwahrnehmung, 2. die Wahrnehmung der anderen, 3. was ich glaube, wie andere Menschen mich wahrnehmen. 1. und 3. sind häufig identisch, doch 2. ist fast immer anders. Die Menschen um uns herum sehen uns schlicht und ergreifend nicht so, wie wir uns selbst sehen. Ein Mensch mit Minderwertigkeitsgefühlen wird von 99 Prozent seiner Mitmenschen hören, er sei schlauer, attraktiver und wertvoller, als er sich selbst einschätzt. Warum leben wir in dem falschen Glauben, dass die anderen denken, wir seien dumm, hässlich und nutzlos – wenn das überhaupt nicht der Fall ist?

Die Wahrheit über Sie

Menschen, die sich selbst unterschätzen, geben sich oft die Schuld, wenn ihre Ehe scheitert. Dann flehen sie den Ehepartner an, ihnen eine neue Chance zu geben. Wenn das zurückgewiesen wird, versinken sie möglicherweise in Depressionen. Das kann sogar so weit gehen, dass sie sich mit Selbstmordgedanken tragen. Sie erlauben den größten Schwächen ihrer Persönlichkeit (ihren Minderwertigkeitsgefühlen), ihr Verhalten zu bestimmen.

Was ist die Antwort auf eine solche Abwärtsspirale? Einer der kraftvollsten Verse der Bibel steht in Psalm 15,2, wo wir ermahnt werden, durch und durch aufrichtig zu leben. Es ist wichtig, dass wir auch uns gegenüber die Wahrheit zugeben. Jesus sagt, dass die Wahrheit uns befreit (Johannes 8,31-32).

Hier sind einige Wahrheiten über Sie: Sie wurden nach dem Ebenbild Gottes erschaffen. Sie haben einen unermesslichen Wert. Sie haben sehr viele Begabungen. Sie haben Charaktereigenschaften, um die andere Menschen Sie beneiden. Natürlich haben Sie auch schon versagt. Wer hat das nicht? Doch das heißt nicht, dass Sie ein Versager sind. Sie sind nur dann ein Versager, wenn Sie sich dazu entschließen zu versagen. Und umgekehrt: Wenn Sie sich dafür entscheiden, konsequent Ihre Ziele zu verfolgen, kann nichts – auch nicht Ihre Minderwertigkeitsgefühle – Sie davon abbringen.

Wenn Sie Ihre Selbstwahrnehmung wirklich verändern wollen, dann sollten Sie begreifen, dass Gott Sie nicht aufgegeben hat. Der Apostel Paulus schreibt in Philipper 1,6: „Deshalb bin ich auch ganz sicher, dass Gott sein Werk, das er bei euch begonnen hat, zu Ende führen wird, bis zu dem Tag, an dem Jesus Christus kommt." Trotz allem, was in Ihrem Leben geschehen ist; trotz Ihrer Fehler möchte Gott Sie immer noch zur Vollendung bringen. Er hat unglaublich gute Ziele für Ihr Leben. Diese Wahrheit müssen Sie sich immer wieder vor Augen halten und endlich anfangen, danach zu leben.

„Die anderen sind schuld"

Das genaue Gegenteil sind die Menschen, die von sich glauben, sie seien „die Allergrößten". Diese Menschen machen keine Fehler. Sie erklären mir regelmäßig: „Wenn es in unserer Ehe ein Problem gibt, dann liegt es offensichtlich an meinem Partner." Wenn man einen solchen narzisstischen Menschen mit seinem Versagen konfrontiert, wird er zwar darüber philosophieren, dass er nicht perfekt sei, doch den Fehler sucht er ausschließlich bei seinem Ehepartner.

Auch solche Verhaltens- und Denkmuster beginnen in der Kindheit. Solche Menschen wurden von den Eltern verzogen. Als Kind wurden sie nicht zur Verantwortung und Pflichterfüllung erzogen, sondern sie wuchsen in dem Glauben auf, dass alle Welt für ihr Wohlergehen zuständig sei. Sie forderten immer nur ihre Rechte ein. Weil ein solcher Mensch der Meinung ist, alle anderen seien nicht perfekt, hinterlässt er häufig einen Scherbenhaufen an zerbrochenen Beziehungen, weil er auch in einer Beziehung immer nur den eigenen Vorteil sucht. Ein solcher Mensch ist sehr dominant und starrköpfig. Wenn er vonseiten seines Ehepartners Widerstand verspürt, versucht er, diesen wieder auf seine Linie zu bringen. Doch wenn der

Ehepartner nicht nachgibt, kann der dominante Partner zu dem Entschluss gelangen, dass eine Trennung der einzige Ausweg sei, und die Schuld dafür allein dem Ehepartner zuschieben.

Welche Wahrheit befreit einen Menschen, der unter Selbstüberschätzung leidet? Es ist die Erkenntnis, dass wir alle zum Kreuz von Christus kommen müssen. Wir alle brauchen Vergebung. Wenn wir uns manchmal überlegen fühlen, müssen wir uns bewusst machen, dass wir dieselben Fehler machen wie andere Menschen.

Vielleicht waren Sie bisher nicht bereit, Ihre eigenen Fehler einzugestehen, obwohl Sie die Fehler anderer sehr genau benennen können. Ja, Sie sind ein wichtiger Mensch, aber nicht wichtiger als andere (auch nicht wichtiger als Ihr Ehepartner). Ja, Sie sind intelligent, aber Intelligenz ist ein Geschenk Gottes, für das Sie dankbar sein sollten. Ja, Sie haben schon viele Erfolge in Ihrem Leben gefeiert. Gratulation! Jetzt müssen Sie noch lernen, das Geheimnis Ihres Erfolgs mit anderen zu teilen und die Wahrheit in den Worten von Jesus zu erfahren: „Geben macht glücklicher als nehmen“ (Apostelgeschichte 20,35).

Hat Ihre Selbstüberschätzung Sie zu der Überzeugung gebracht, Sie seien anderen überlegen? Dann ist es an der Zeit, dass Sie Ihre Selbstüberschätzung bekennen und bereuen. Kommen Sie von Ihrem Podest herunter und genießen Sie das Leben inmitten Ihrer Mitmenschen, Ihrer Schwestern und Brüder. Sie müssen nicht perfekt sein, um geliebt zu werden. Ihre Mitmenschen haben keine schlechte Meinung von Ihnen, wenn Sie sich auch zu Ihren Schwächen bekennen. Tatsächlich führt Ihre Selbstüberschätzung dazu, dass sich Menschen von Ihnen distanzieren.

Wenn eine Ehe auseinanderbricht – besonders nach einer Trennungsphase –, neigt ein Mensch mit narzisstischer Persönlichkeit dazu, seinen Ehepartner dafür verantwortlich zu machen. Selbst wenn er derjenige war, der die Trennung gefordert hat, der vielleicht sogar eine Affäre hatte, wird er immer versuchen, dem Ehepartner die Schuld in die Schuhe zu schieben. Und wenn dann noch der Ehepartner zu Minderwertigkeitsgefühlen neigt, wird der möglicherweise diese Schuld auf sich nehmen und darunter leiden.

Menschen, die sich selbst überschätzen, erkennen häufig ihr fehlerhaftes Verhalten. Sie wissen, was die Bibel sagt, aber sie können ein Dutzend Gründe nennen, warum ein solches Verhalten in ihrem speziellen Fall zu entschuldigen ist.

Der erste Schritt zur Veränderung ist die Erkenntnis, dass wir alle Menschen sind. Niemand ist perfekt. Analysieren Sie Ihre Fehler und bekennen Sie sie vor Gott und Ihrem Ehepartner. Seien Sie darin so konkret wie möglich. Wer seine Fehler bekennt, wird viele Freunde finden. Wer dagegen selbstgerecht ist, wird mit jedem Tag einsamer.

Können Menschen sich ändern?

Wir haben bisher nur einen Aspekt unserer Persönlichkeit betrachtet: die Unter- oder Überschätzung gegenüber sich selbst. Doch die Persönlichkeit umfasst das gesamte Spektrum der menschlichen Erfahrungen, unser Denken, Fühlen und Handeln. Keine zwei Persönlichkeiten sind identisch, obwohl man die Menschen anhand bestimmter Verhaltensmuster in ungefähre Kategorien unterteilen kann. Viele Charaktereigenschaften werden durch gegensätzliche Begriffe dargestellt. Wir sprechen von optimistisch oder pessimistisch, negativ oder positiv, kritisch oder anerkennend, extrovertiert und introvertiert, redselig oder schweigsam, geduldig oder ungeduldig.

Unsere Persönlichkeit wird stark von unserem Leben beeinflusst. Doch die Tragik unserer heutigen Gesellschaft liegt darin, dass viele Menschen glauben, unsere Persönlichkeitsentwicklung sei im Alter von etwa fünf bis sechs Jahren abgeschlossen und unser weiteres Leben werde unweigerlich davon bestimmt. Viele Menschen fühlen sich gefangen. Sie schauen sich ihre Denk- und Verhaltensmuster an, die ihnen schon in der Vergangenheit Probleme bereitet haben, und beschließen, dass nichts getan werden kann, um sich zu ändern. Doch das ist Unsinn.

Es ist richtig, dass viele dieser Muster bis ins Erwachsenenalter bestehen bleiben. Das liegt daran, dass unser Denken, Fühlen und Verhalten bestimmten Persönlichkeitsmerkmalen unterliegt. Doch unser Leben muss von diesen Mustern nicht vorherbestimmt sein. Die gesamte Vorstellung von Erziehung, geistlicher Veränderung und Wachstum im Glauben steht in krassem Gegensatz zu der Annahme, es sei alles vorherbestimmt und unsere Lebensqualität heute werde von unseren Kindheitserfahrungen bestimmt. Die Bibel sagt uns, dass wir für das Leben verantwortlich sind, das wir führen. Unsere Beziehung zu Gott, unsere bewussten Entscheidungen, unsere Einstellung bestimmen unsere Lebensqualität. Wir sind nicht Sklaven unserer Persönlichkeit. Wir müssen unsere eigenen Verhaltensmuster erkennen, unsere Stärken nutzen und versuchen, in unseren Schwächen zu wachsen. Entwickeln Sie Ihre Stärken weiter und arbeiten Sie an Ihren Schwächen!

Was wissen Sie über sich selbst? Was für ein Mensch sind Sie im Laufe Ihres Lebens gewesen? Ist Ihre Einstellung zum Leben eher negativ oder positiv? Eine Frau erzählte mir einmal: „Mein Mann hat eine so negative Einstellung, dass er – egal, wann er morgens aufwacht – immer entweder sagt: ‚Oh nein, ich habe verschlafen!' oder: ‚Mist, ich bin zu früh aufgewacht.'" Für diesen Mann fängt jeder Tag schon negativ an. Mit einer solchen Einstellung kann man nur verlieren. Das klingt vielleicht albern, wenn Sie das lesen, doch Tausende Menschen leben genau so. Irgendwo ist immer irgendetwas falsch. Könnte es sein, dass das ein bisschen Ihrer Einstellung entspricht? Könnte das etwas mit Ihren Eheproblemen zu tun haben? Können Sie sich vorstellen, wie emotional anstrengend es für Ihren Ehepartner sein muss, wenn er täglich Ihre Weltuntergangsprophezeiungen hören muss?

Loben Sie andere oder kritisieren Sie sie lieber? Und wie gehen Sie mit sich selbst um? Denken Sie an den heutigen Tag. Haben Sie sich selbst schon ein Kompliment gemacht? Haben Sie jemanden gelobt? Und andersherum: Haben Sie einen anderen Menschen heute kritisiert? Oder sich selbst? Ist das ein Verhaltensmuster bei Ihnen? Wie beeinflusst das Ihre Ehe?

Wie kommunizieren Sie? Neigen Sie dazu, Dinge zu verschweigen, oder sprechen Sie sie aus? Eine Frau berichtete mir: „Mein Mann hat mir nichts von dem erzählt, was in seinem Leben wichtig war. Er hat sein Leben gelebt und ich meines. Das hat mir nicht gefallen, aber ich wusste nicht, wie ich es ändern sollte. Eines Tages ist er nach Hause gekommen und hat mir mitgeteilt, dass er mich verlassen will. Ich konnte es nicht glauben. Schließlich hatte ich keine Ahnung, dass es so schlimm war."

Wie konnte die Situation so eskalieren? Einer oder beide Ehepartner neigten offensichtlich dazu, wenig von sich selbst preiszugeben, und langsam, aber sicher schlief ihre Ehe ein. Kann eine solche Ehe wieder zum Leben erweckt werden? Ja, aber es bedarf dringend einer Notoperation (durch einen Therapeuten oder Seelsorger). Wenn wir gelernt haben, unsere Gefühle auszudrücken, können wir nach Lösungen suchen. Niemand, auch nicht Ihr Ehepartner, kann an einer Lösung arbeiten, wenn Ihnen das Problem nicht bewusst ist.

Behalten Sie Ihre Gefühle für sich? Dann sollten Sie es angehen und lernen, Ihre Gefühle zu äußern. Suchen Sie sich einen Seelsorger oder einen Freund, dem Sie vertrauen können, und holen Sie sich Hilfe. Wenn Sie es lernen, mit einem anderen Menschen konstruktive Gespräche zu führen, wird es Ihnen später auch mit Ihrem Ehepartner gelingen. Schweigen an sich ist ja nichts Negatives. Die Bibel ermahnt uns sogar, genau zu überlegen, bevor wir sprechen (Jakobus 1,19). Wenn eine solche Tendenz aber ins Extreme geht, dann wird es problematisch. Wenn Sie Ihre eigenen persönlichen Schwächen entdecken, können Sie leicht erkennen, wie diese Ihre Ehe beeinflussen. Und an solche Schwächen können Sie auf jeden Fall mit Gottes Hilfe arbeiten.

Akzeptieren Sie das Unabänderliche

„Kann ein Schwarzer etwa seine Hautfarbe wechseln oder ein Leopard sein geflecktes Fell?" (Jeremia 13,23). Jesus fragte einmal: „Wer von euch kann dadurch, dass er sich Sorgen macht, sein Leben auch nur um eine einzige Stunde verlängern?" (Matthäus 6,27; NGÜ). Diese beiden Fragen haben eine klare Antwort: Nein, niemand. Manche Dinge können nicht verändert werden. Ihre Körpergröße, Hautfarbe, Ihr Knochenbau oder Ihre Augenfarbe stehen ziemlich fest – jedenfalls solange die moderne Medizin nicht noch irgendwelche bahnbrechenden Entdeckungen macht.

Vermutlich ist der Faktor, der sich am wenigsten verändern lässt, Ihre persönliche Vergangenheit. Schon das Wort beschreibt es: *Vergangenheit*. Es ist vergangen, vorbei. Was vorbei ist, kann nicht wiederholt werden. Ihre Eltern – ob sie gute oder schlechte Eltern waren; ob sie noch am Leben oder schon verstorben sind; ob Sie sie gekannt haben oder nicht – sind und bleiben Ihre Eltern. Diese Tatsache ist unabänderlich. Ihre Kindheit, ob schön oder schmerzhaft, ist Ihre Kindheit und wird das auch immer bleiben.

Ihre Ehe – oder Ehen – fallen in die gleiche Kategorie. Es ist überflüssig zu überlegen: „Wir hätten niemals heiraten sollen.“ Diese Tatsache ist nicht mehr zu ändern. Die Dinge, die Sie in Ihrer Ehe erlebt haben, sind ebenfalls Vergangenheit. Sie können auch nicht eine einzige Sache mehr ändern. Kein Wort kann zurückgenommen werden, keine Tat widerrufen. Wir können um Vergebung für unser Fehlverhalten bitten, doch auch dadurch werden nicht alle Folgen unserer Sünde ausgelöscht.

Unsere Vergangenheit kann nicht verändert werden, aber wir können sie akzeptieren. Als Jesus die Frau am Brunnen traf, sagte er ihr nicht, sie solle ihre fünf Ehen rückgängig machen, denn das wäre ein Ding der Unmöglichkeit; er bot ihr lediglich Wasser an, um ihren Lebensdurst zu stillen (Johannes 4,5-29).

Wir verschwenden nur unsere Zeit und Energie, wenn wir uns ausmalen, was alles hätte sein können. Stattdessen sollten wir unsere Sünde vor uns, unserem Ehepartner und Gott bekennen. Nehmen Sie Gottes Vergebung an; vergeben Sie sich selbst; vertrauen Sie darauf, dass auch Ihr Ehepartner Ihnen vergibt. Mehr können Sie nicht tun, um mit Ihrer Vergangenheit abzuschließen. Sie müssen sich auf die Zukunft konzentrieren, denn sie zu formen liegt noch in Ihren Händen.

Warum nutzen Sie nicht Ihre Ehekrise, um einmal einen ehrlichen Blick auf Ihre Persönlichkeit zu werfen? Entdecken Sie Ihre grundlegenden Verhaltens- und Denkmuster. Entdecken Sie, wo Ihre Stärken liegen, und nutzen Sie sie, um Ihren Horizont zu erweitern. Seien Sie gleichzeitig genauso ehrlich, was Ihre Schwächen betrifft. Entscheiden Sie, was Sie ändern möchten, und unternehmen Sie konkrete Schritte. Benennen Sie die Punkte, die unabänderlich sind, und akzeptieren Sie diese. So kann diese Zeit zu einer wertvollen Phase werden, in der Sie sich besser kennenlernen und innerlich wachsen.

Etwas Neues, etwas Gutes

In der momentanen Situation haben Sie verständlicherweise nicht viel Kraft, um große Veränderungen in Angriff zu nehmen. Vielleicht haben Sie Kinder, um die Sie sich kümmern müssen, Sie müssen Ihrer Arbeit nachgehen, sich um die alltäglichen Anforderungen des Lebens kümmern – und dazu kommen der andauernde Konflikt und die Ängste, die Ihre Ehekrise verursachen. Doch ich möchte Ihnen sehr ans Herz legen, dass Sie sich die Zeit nehmen, etwas für sich selbst zu tun. Lesen Sie einen guten Roman oder eine Biografie. Verbringen Sie Zeit in Gottes Schöpfung. Machen Sie mehr Sport. Besuchen Sie mit Freunden ein Konzert. Nehmen Sie an einem Gourmet-Kochkurs teil.

Ich weiß, dass Sie keine Lust haben, etwas davon in Angriff zu nehmen. Womöglich sind Ihre Interessen und Hobbys Ihrer Einsamkeit und Verletzlichkeit zum Opfer gefallen. Doch wenn Sie allein zu Hause sitzen und nur über Ihre Probleme nachdenken, führt Sie das unweigerlich in noch tiefere Depressionen. Wenn Sie etwas unternehmen, beispielsweise ein lang vergessenes Hobby wiederbeleben, bricht vielleicht ein Lichtstrahl in Ihre Dunkelheit.

Konzentrieren Sie sich zunächst auf kleine, erreichbare Ziele. Schauen Sie nicht auf das große Ungewisse, das in der fernen Zukunft auf Sie wartet. Machen Sie Pläne für heute. Was können Sie heute tun, das gut ist und Sie aufbaut? Wenn Sie Ihre Tage mit sinnvollen Aktivitäten füllen, wird nach und nach Hoffnung für die Zukunft aufkeimen.

Wenn Sie sich nach Unterstützung geistlicher Art sehnen, könnten die sozialen Netzwerke eine gute Hilfe sein. Zahlreiche Websites bieten Hilfe an zur Selbsteinschätzung oder geben biblisch fundierte Tipps bei Eheproblemen. Trotzdem könnte es sein, dass Sie sich viele unliebsame „Ratgeber“ anlachen, wenn Sie Ihre Eheprobleme auf Facebook posten.

Wenn Sie es lernen, sich selbst besser zu verstehen, sich weiterzuentwickeln, sich selbst zu akzeptieren, dann erhöhen Sie die Chancen auf eine Versöhnung mit Ihrem Ehepartner.

Übungen und Fragen, die weiterhelfen

1. Bitten Sie einen Seelsorger oder Therapeuten, eine Persönlichkeitsanalyse mit Ihnen durchzuführen. Dazu gibt es verschiedene Modelle. Das kann Ihnen helfen, Verhaltens- und Persönlichkeitsmuster zu erkennen.

2. Sie könnten sich zu einem Kurs anmelden, in dem es um persönliche Weiterentwicklung geht, z. B. in einer Gemeinde oder christlichen Organisation.

3. Um Ihre Persönlichkeit besser einschätzen zu können, beantworten Sie schriftlich folgende Fragen:

    - Was mag ich an mir selber?
    - Welche Gefühle verspüre ich heute? Teilen Sie die Gefühle in negativ/positiv auf.
    - Was sagen die negativen Gefühle über mich aus?
    - Was sagen die positiven Gefühle über mich aus?
    - Welche emotionalen Bedürfnisse habe ich heute?
    - Wie kann ich diese Bedürfnisse in einer verantwortlichen, christlichen Weise stillen?
    - Was möchte ich an meiner Persönlichkeit gerne verändern (z. B. meine Denk- und Verhaltensmuster)?
    - Welche Schritte unternehme ich heute, um eine Veränderung in Gang zu setzen?
    - Was mag ich an mir selbst nicht, kann es aber nicht ändern?
    - Bin ich bereit, diese Charakterschwächen zu akzeptieren und mich auf meine Stärken zu konzentrieren?

Kapitel 4

Hinwendung zu Gott

Unsere Beziehung zu Gott kann unsere Ehebeziehung stärken oder zerstören. Augustinus hat gesagt: „Du hast uns auf dich hin geschaffen, o Herr, und unser Herz ist ruhelos, bis es Ruhe findet in dir." Wenn wir von unserem Ehepartner erwarten, dass er unserem Leben Sinn verleiht und uns glücklich macht, dann schauen wir in die falsche Richtung. Zu viele Menschen haben schon von ihrem Ehepartner erwartet, was nur Gott geben kann. Seelenfrieden, innere Selbstsicherheit, Vertrauen in das Leben und Lebensfreude kommen nicht aus einer Ehe, sondern aus einer persönlichen Beziehung zu Gott.

Wie sieht Ihre Gottesbeziehung während Ihrer Ehekrise oder der Trennungszeit aus? Viele sind wütend auf Gott – wütend, weil er das Leid zugelassen hat, die Einsamkeit und den Zorn, der mit dem Zerbruch der Ehe kommt. Andere haben sich in der Krise voll Vertrauen an Gott gewandt, um von ihm Hilfe zu erbitten.

Lesen Sie die Verse aus Psalm 77, die im Folgenden abgedruckt sind. Es ist eine sehr persönliche Klage eines Menschen, der durch eine tiefe Krise geht. Sie werden bemerken, dass zuerst der Schmerz beschrieben wird, der durch die Trennung von Gott und anderen Menschen ausgelöst wurde. Doch in der Mitte dieses Schmerzes wendet sich der Psalmist zu Gott und erinnert sich an gute Tage, als er den Segen Gottes verspürte und mit den anderen in Frieden lebte.

Ich rufe zu Gott, ja, ich schreie immer wieder, damit er mich endlich hört.
Ich habe große Angst und sehe keinen Ausweg mehr. Unaufhörlich bete ich zu Gott – sogar in der Nacht strecke ich meine Hände nach ihm aus. Ich bin untröstlich.
Wenn ich an Gott denke, fange ich an zu seufzen; grüble ich über meine Lage nach, so verliere ich allen Mut.
Ich kann nicht schlafen, weil er mich wach hält; die Unruhe treibt mich umher, ich finde keine Worte mehr.
Ich erinnere mich an frühere Zeiten, an Jahre, die längst vergangen sind,
als ich beim Spiel auf der Harfe noch fröhlich sein konnte. Jede Nacht grüble ich nach; das Herz wird mir schwer, weil meine Gedanken immer um die gleichen Fragen kreisen:
Hat der Herr uns für alle Zeiten verstoßen? Wird er nie wieder freundlich zu uns sein?
Ist seine Gnade für immer zu Ende? Gelten seine Zusagen nicht mehr?
Hat Gott vergessen, uns gnädig zu sein? Warum verschließt er uns im Zorn sein Herz?
Das ist es, was mich am meisten schmerzt: Gott, der Höchste, verhält sich jetzt anders als vorher – er setzt sich nicht mehr für uns ein!
Ich erinnere mich an deine großen Taten, Herr, und denke an die Wunder, die du einst vollbracht hast.
Ich führe mir vor Augen, was du getan hast, immer wieder mache ich es mir bewusst.
O Gott, heilig ist alles, was du tust. Kein anderer Gott ist so mächtig wie du!
Du allein bist der Gott, der Wunder vollbringt; du hast die Völker deine Macht spüren lassen.
Mit starker Hand hast du dein Volk aus der Gefangenschaft in Ägypten befreit, die Nachkommen Jakobs und Josefs.

Der Abschnitt endet mit einem sehr bildhaften Vergleich: „Mit starker Hand hast du dein Volk … befreit." Das Wort „befreit" könnte man in diesem Zusammenhang auch mit „wiederhergestellt" oder „zurückgekauft" übersetzen. Versöhnung, Befreiung, Wiederherstellung ist immer Gottes Sehnsucht, wenn es um sein Volk geht. Dieser Prozess kann allerdings sehr schmerzhaft sein. David schreibt in Vers 20 weiter: „Du bahntest dir einen Weg mitten durch das Meer. Dein Pfad führte durch mächtige Fluten, doch deine Spuren konnte niemand erkennen."

Vielleicht haben Sie tatsächlich momentan genau dieses Gefühl: Sie haben sich von Ihrem Ehepartner getrennt oder kämpfen gerade darum, Ihre Ehe zu retten, und dabei haben Sie den Eindruck, Sie würden mitten durch das Meer waten und die Spuren Gottes nicht mehr erkennen. Doch ich versichere Ihnen, dass Gott sich sehr viele Gedanken um Sie und Ihren momentanen Zustand macht. „Kommt alle her zu mir, die ihr euch abmüht und unter eurer Last leidet! Ich werde euch Ruhe geben" (Matthäus 11,28). Diese Worte von Jesus sind genauso an Sie gerichtet wie an die Menschen, mit denen er damals persönlich sprach.

Ja, Sie sind erschöpft von all dem Stress. Sie sind mit Lasten beladen – vielleicht mit Schuld, Wut, feindseligen Gefühlen oder Sorgen. Achten Sie darauf: Jesus verlangt nicht, dass Sie Ihre Lasten ablegen, *bevor* Sie zu ihm kommen, sondern er fordert Sie einfach nur auf, zu ihm zu kommen. Er verspricht, Ihnen Ruhe zu geben. Er verlangt nicht von Ihnen, dass Sie allein mit Ihren Problemen fertig werden, und er verspricht auch nicht, dass er Ihnen die Probleme einfach abnimmt, aber er verheißt Ihnen Ruhe.

Gott will Ihr Freund sein. Die Bibel erklärt uns sogar, dass Gott der Vater aller Menschen ist, die durch Jesus Christus, seinen Sohn, zu ihm kommen. Er ist nicht der Vater aller Menschen – nur der Vater derjenigen, die Jesus Christus als Herrn anerkennen. Doch Gott ist der Freund von allen. Es ist sein großer Wunsch, dass wir unser Leben mit ihm teilen, dass er uns helfen kann, unserem Leben einen Sinn und eine Bestimmung zu geben, dass er uns bei der Lösung der Probleme helfen kann, die uns belasten. Inmitten unseres Schmerzes macht es einen Unterschied, wenn wir glauben können, dass Gott alles für uns tun kann. Darf ich Ihnen ein paar Schritte aufzeigen, die Ihnen helfen, in dieser schwierigen Zeit in Ihrem persönlichen Glauben zu wachsen?

Unser Bekenntnis und Gottes Vergebung

Es könnte sein, dass Sie bei einer eingehenden Betrachtung feststellen, dass auch Sie mit dazu beigetragen haben, dass Ihre Ehe gescheitert ist. Vielleicht erkennen Sie aber auch die Fehler Ihres Ehepartners noch besser und verbringen viel Zeit damit, ihm oder ihr diese Fehler vorzuhalten. Wenn wir die Aussage von Jesus aus Matthäus 7 auf die Situation in einer Ehe übertragen, könnte man sie so formulieren: „Warum siehst du jeden kleinen Splitter im Auge deines Ehepartners, aber den Balken in deinem eigenen Auge bemerkst du nicht? … Du Heuchler! Entferne zuerst den Balken aus deinem Auge, dann kannst du klar sehen, um auch den Splitter aus dem Auge deines Ehepartners zu ziehen“ (Matthäus 7,3+5).

Unsere natürliche Reaktion ist es, zuerst unserem Ehepartner die Schuld zuzuschieben. Wir gehen dann davon aus, dass unsere Ehe eine neue Chance hätte, wenn sich unser Partner verändern würde. Doch Jesus fordert uns auf, die Schuld zuerst bei uns zu suchen. Egal, ob es sich um eine kleine oder große Verfehlung handelt: Es ist die Schuld, die wir bekennen können. Wenn wir unser eigenes Versagen eingestehen, können wir auch mit den Verfehlungen unseres Ehepartners besser umgehen. Wenn wir an unserem Ehepartner schuldig werden, dann werden wir auch an Gott schuldig, denn Jesus fordert uns auf, einander zu lieben (Johannes 13,34). Und Gott zeigen wir unsere Liebe, indem wir uns untereinander lieben. Das heißt, wenn wir in der Liebe zueinander versagen, haben wir in unserer Liebe zu Gott versagt. Deshalb müssen wir die Verfehlungen in unserer Ehe auch Gott gegenüber bekennen.

Der vielleicht stärkste Vers in der Bibel, in dem es um unsere psychische Gesundheit geht, steht in Apostelgeschichte 24,16, wo Paulus schreibt: „Deshalb bemühe ich mich auch, immer ein reines Gewissen vor Gott und den Menschen zu haben." Paulus spricht hier aus eigener Erfahrung. Er hat gelernt, dass man Disziplin braucht, um mit dem eigenen Versagen umgehen zu können, aber dass diese Disziplin notwendig ist, um emotional und geistlich frei zu werden. Deshalb spricht er auch vom reinen Gewissen vor Gott und den Menschen.

Um ein reines Gewissen zu bekommen, müssen wir unsere Schuld bekennen. Das Wort „bekennen" meint ursprünglich, dass wir „einer Sache zustimmen". Das heißt, wir suchen nicht länger nach Ausreden für uns oder unser Verhalten, sondern wir geben vor Gott zu, dass wir gesündigt haben. Die Bibel verspricht uns: „Wenn wir aber unsere Sünden bekennen, dann erfüllt Gott seine Zusage treu und gerecht: Er wird unsere Sünden vergeben und uns von allem Bösen reinigen" (1. Johannes 1,9). In dem Moment, in dem wir bereit sind, unsere Sünden zu bekennen, ist Gott bereit, uns zu vergeben. Doch solange wir noch nach Entschuldigungen und Ausreden für unsere Verfehlungen suchen, wird Gott unsere Gebete nicht erhören (Psalm 66,18).

Der erste Schritt, um Ihre Beziehung zu Gott zu erneuern, ist also das Bekenntnis aller Sünden, die Ihnen bewusst sind. Ich schlage vor, dass Sie Stift und Papier zur Hand nehmen und zu Gott sagen: „Herr, wo habe ich in meiner Ehe versagt?" Wenn Gott Sie auf Verfehlungen aufmerksam macht, schreiben Sie sie in einer Liste auf und bekennen Sie sich zu jeder

Sünde. Danken Sie Gott dafür, dass Christus den Preis für Ihre Sünde bezahlt hat, und nehmen Sie seine Vergebung an. Die Erfahrung der Vergebung befreit uns von der Schuld, die uns niederdrückt.

Bekenntnis und Vergebung heißt aber nicht, dass wir sofort alle Gewissensbisse ablegen können. Vergebung ist Gottes Versprechen an uns, dass er uns unsere Sünde nicht länger vorhalten will. Vielleicht fühlen wir uns immer noch schrecklich, wenn wir über das nachdenken, was wir getan oder nicht getan haben. Doch unsere Gefühle haben mit Gottes Vergebung nichts zu tun. Wir dürfen es diesen Gefühlen nicht erlauben, uns niederzumachen. Wenn nach unserem Sündenbekenntnis immer noch Schuldgefühle zurückkehren, sagen wir einfach: „Danke, Vater, dass diese Sünden vergeben sind und dass du sie mir nicht länger vorhältst. Hilf mir bitte, dass ich mir selbst auch vergeben kann." Sich selbst zu vergeben ist ebenfalls ein Versprechen. Sie versprechen, sich nicht länger für vergebene Sünden zu bestrafen. Eine solche Strafe bringt nichts Gutes, sondern hält Sie im Gegenteil noch davon ab, das Beste aus Ihrer Zukunft zu machen.

Wenn wir vor Gott unsere Sünde bekennen, ist es, als kämen wir nach einer langen Reise nach Hause und unser Vater würde uns mit offenen Armen empfangen, das gemästete Kalb schlachten und ein Fest organisieren, um unsere Rückkehr zu feiern (Lukas 15,21-24). Eine solche Rückkehr zu Gott ist möglicherweise das wichtigste Ereignis während Ihrer Trennung, denn Sie kehren zurück zu dem einen, der Sie erschaffen hat und der weiß, wie er Sie zu einem sinnvollen Leben anleiten kann.

Ihre Beziehung zu Gott kann nur dann wachsen, wenn Sie es lernen, mit ihm zu kommunizieren. Nicht nur wir reden zu Gott, sondern Gott redet auch zu uns. Viele Menschen kennen Gebete, in denen wir zu Gott sprechen, doch nur wenige Menschen hören auf die Stimme Gottes. Ich behaupte nicht, dass Gott mit lauter Stimme zu uns redet. Doch durch die Bibel spricht Gott auf sehr persönliche Weise zu den Menschen, die sich die Zeit nehmen, um zuzuhören.

Manche meinen, Bibellesen oder Gebete seien nur „religiöse“ Aktivitäten, doch es ist der Weg zu einer sehr engen Beziehung zwischen einem Einzelnen und Gott. Wenn wir die Bibel lesen, redet Gott zu uns über sich und über unser Leben. Die Bibel ist viel wichtiger als jedes andere Buch, das Sie jemals über menschliche Beziehungen lesen werden. Es ist tatsächlich der Schöpfer, der in der Bibel zu seinen Geschöpfen redet.

Da die Bibel Gottes Wort für uns ist, sollten wir sie mit offenem Herzen lesen und bereit sein, seine Stimme zu hören. Bei anderen Büchern unterstreichen wir uns wichtige Aussagen in jedem Kapitel. Warum machen wir das nicht auch mit der Bibel? Wenn Sie die Bibel lesen, werden Ihnen in jedem Kapitel bestimmte Sätze, Aussagen und Vorschläge auffallen. Das können die Worte sein, mit denen Gott mit Ihnen kommunizieren möchte. Dann unterstreichen Sie diese Aussagen, kreisen Sie die Worte ein, markieren Sie sie, um Ihre Aufmerksamkeit immer wieder auf diese Sätze zu lenken.

Seit vielen Jahren nehme ich mir jeden Tag ein wenig Zeit, um mich mit Gott zusammenzusetzen, meine Bibel aufzuschlagen und folgendes Gebet zu sprechen: „Vater, heute ist dein Tag in meinem Leben. Ich möchte deine Stimme hören. Ich brauche deine Ratschläge. Ich möchte erfahren, was du mir heute zu sagen hast. Wenn ich jetzt die Bibel lese, dann mach mich bitte auf die Dinge aufmerksam, die du mir mitteilen willst." Dann lese ich ein Kapitel der Bibel laut oder still und habe dabei einen Stift in der Hand, mit dem ich die Aussagen markiere, die mir besonders auffallen. Manchmal lese ich das Kapitel ein zweites Mal und bete: „Herr, ich bin mir nicht sicher, ob ich verstanden habe, was du mir sagen willst. Ich wünsche mir, dass du mir klar zeigst, was du für heute für mich im Sinn hast."

Wenn ich das Kapitel gelesen habe, gehe ich es noch einmal durch und spreche mit Gott über die Dinge, die ich unterstrichen habe. Denn ich will ihm auf das antworten, was er mir heute sagen will. Viele Menschen lesen ihre Bibel, schlagen sie zu und bringen dann im Gebet völlig andere Dinge zur Sprache, die überhaupt nichts mit dem zu tun haben, was sie gerade gelesen haben. Das ist sehr unhöflich. So würden wir keinen Freund behandeln. Wenn uns ein Freund eine Frage stellt, geben wir darauf eine Antwort. Wenn ein Freund etwas behauptet, erwidern wir ihm darauf. Wenn Gott also mit uns durch die Bibel spricht, sollten wir auch eine Antwort auf das geben, was Gott uns zu sagen hat.

Lassen Sie mich das an einem Beispiel zeigen: Ich lese gerade Philipper 4. Was mir heute besonders auffällt, ist die Aussage in Vers 4: „Freut euch Tag für Tag, dass ihr zum Herrn gehört. Und noch einmal will ich es sagen: Freut euch!" Ich unterstreiche diesen Satz und markiere besonders die Worte „Tag für Tag". Dann wende ich mich an Gott: „Herr, wie kann das funktionieren? Es ist doch unmöglich, dass ich mich Tag für Tag freue. Manchmal gewiss, aber wirklich Tag für Tag?" Sehen Sie – ich antworte auf das, was Gott mir gesagt hat, mit einer Frage. Noch einmal lese ich den Vers: „Freut euch Tag für Tag, dass ihr zum Herrn gehört. Und noch einmal will ich es sagen: Freut euch!" Dann erst sehe ich den Nebensatz „dass ihr zum Herrn gehört" – und Gott hat meine Frage beantwortet. Er sagt, dass ich mich über die Tatsache freuen soll, dass ich zu ihm gehöre, und nicht über die Umstände meines Lebens, denn darüber kann ich mich tatsächlich nicht Tag für Tag freuen. Doch ich kann mich über Gott freuen, auch in schwierigen Lebenssituationen. Weil ich zu Gott gehöre, kann ich mich tatsächlich inmitten einer Lebenskrise freuen. Was für eine Ermutigung für jemand, der durch tiefe Wasser geht!

Gott sehnt sich danach, jeden Tag durch sein Wort sehr persönlich mit uns zu reden, und er sehnt sich danach, dass wir ihm darauf antworten. Darf ich Sie dazu herausfordern, heute damit zu beginnen, ein Kapitel in der Bibel zu lesen, zu markieren, zu unterstreichen und dann mit Gott darüber zu sprechen? Mein Vorschlag wäre, dass Sie mit einem biblischen Buch beginnen (Jakobus wäre ein guter Startpunkt). Lesen Sie zunächst dieses Buch bis zum Schluss, bevor Sie mit einem neuen beginnen. Sie werden eine Spur durch Ihre Bibel hinterlassen, ein Weg, den Sie mit Gott gegangen sind, und Sie können leicht auf die Dinge zurückkommen, die Gott Ihnen Tag für Tag und Woche für Woche gezeigt hat. Sie werden feststellen, dass sich Ihre Beziehung zu Gott sehr verbessert, denn nichts festigt eine Beziehung mehr als ein offenes Gespräch.

Gehorsam zu sein ist eine Entscheidung

Wenn Sie in der Bibel lesen, werden Sie ab und zu klare Anweisungen von Gott finden, z. B.: „Seid vielmehr freundlich und barmherzig, und vergebt einander, so wie Gott euch durch Jesus Christus vergeben hat" (Epheser 4,32). Solche Anweisungen dienen uns zu unserem eigenen Besten. Gott, der uns geschaffen hat, weiß genau, was uns glücklich und im Leben erfolgreich macht. Alle seine Anweisungen sind mit einer bestimmten Absicht gegeben, damit wir uns in unserem Herzen dafür entscheiden, jeder Anweisung Gottes zu folgen. Wenn wir also lesen: „Seid freundlich und barmherzig", dann sollten wir uns jemanden suchen, zu dem wir heute freundlich und barmherzig sein können – einen Menschen, dem wir unser Mitgefühl zeigen können; einen Menschen, dem wir vergeben sollten. Dabei ist unser Vorbild Christus, der uns vergeben hat. Erinnern Sie sich? Als Christus am Kreuz hing, schaute er die Menschen an, die ihn gekreuzigt hatten, und betete: „Vater, vergib ihnen, denn sie wissen nicht, was sie tun“ (Lukas 23,34). Ist das nicht die Haltung, die wir denen gegenüber zeigen sollten, die falsch an uns gehandelt haben? Es gibt Hunderte von Anweisungen Gottes in der Bibel, die unser Leben besser machen, wenn wir ihnen folgen.

Wir müssen uns nicht auf unsere eigene Kraft verlassen, wenn es darum geht zu gehorchen, denn wenn wir Christen sind, leben wir mit dem Heiligen Geist, der uns hilft, den Weisungen Gottes Folge zu leisten. Wenn Sie also Probleme damit haben, den Menschen zu vergeben, die an Ihnen schuldig geworden sind, dann bekommen Sie Hilfe. Versuchen Sie nicht, aus Ihrer eigenen Kraft zu vergeben, sondern bitten Sie den Geist Gottes, Ihnen die Fähigkeit zur Vergebung zu schenken. Vergebung ist in erster Linie ein Versprechen. Es ist das Versprechen, dass wir einem anderen Menschen nicht länger seine Fehler vorwerfen. Es heißt nicht, dass wir diese Fehler ignorieren, aber es heißt, dass wir sie nicht als Fehler behandeln. Es bedeutet nicht, dass wir die Sünden, die andere uns angetan haben, vollkommen aus unserem Gedächtnis streichen. Doch wir werden mit Gottes Hilfe in der Lage sein, einem anderen Menschen nicht länger diese Sünde vorzuhalten.

Können Sie sich vorstellen, was in Ihrem Leben passieren wird, wenn Sie täglich in der Bibel lesen, auf Gottes Stimme hören und mit der Kraft des Heiligen Geistes seinen Anweisungen folgen? Wahrscheinlich werden Sie sich in einigen Monaten selbst nicht mehr wiedererkennen, denn es werden täglich bedeutende Veränderungen in Ihrem Leben geschehen.

Singt dem Herrn ein Lied!

Musik ist eine universelle Art, menschliche Gefühle auszudrücken. Wenn Sie Lieder aus der ganzen Welt und aus verschiedenen Kulturen anhören, werden Sie feststellen, dass es um Freude und Glück geht; doch Sie werden auch Schmerz, Sorge und Leid hören. Das trifft sowohl für säkulare als auch für religiöse Musik zu. Musik ist eine Art der Kommunikation. Sie kann unser Herz erfreuen oder die Stimmung niederdrücken. Die Worte unserer Lieder entscheiden darüber, ob sie uns entmutigen oder ermutigen. Durch die Psalmen hindurch werden wir dazu aufgerufen, den Herrn zu loben. Wenn wir inmitten von Leid und Schmerzen sind, fragen wir uns vielleicht: „Wofür kann ich Gott loben?" Doch wenn wir ernsthaft nachdenken, werden wir dennoch viele gute Dinge in unserem Leben finden.

In dem Psalm, den ich zu Beginn dieses Kapitels zitiert habe, lobt David Gott für die wunderbaren Taten der Vergangenheit, für seinen Segen. Wenn wir anfangen, Gott für das zu preisen, was er in der Vergangenheit getan hat, werden wir ihm auch dafür danken können, dass er in Zukunft treu und zuverlässig zu uns hält. Paulus schreibt an die Epheser, dass sie – wenn sie vom Heiligen Geist erfüllt sind – von ihm Lieder geschenkt bekommen. „Singt für den Herrn und jubelt aus vollem Herzen!" (Epheser 5,19).

Unsere Lieder der Freude und des Jubels wachsen aus unserer Beziehung zu Gott. Wenn wir vom Heiligen Geist geleitet werden, werden unsere Lieder vielleicht auch von unseren Problemen handeln, doch die Mitte unserer Musik wird das Lob Gottes sein für das, was er ist und was er in unserem Leben tut.

Unsere Beziehung zu Gott muss nicht durch unsere momentanen Lebensumstände beeinträchtigt werden; vielmehr können uns unsere Probleme näher zu Gott bringen. Möglicherweise singen Sie nicht gerne. Vielleicht haben Sie noch nie in Ihrem Leben gesungen, doch als Christ dürfen Sie singen, auch wenn es nur für Sie selbst ist. Tatsächlich fordert uns Paulus auf, für uns selbst zu singen. Vielleicht singen Sie in der Dusche oder unterwegs im Auto. Ein Vorschlag wäre, wenn Sie bisher noch nie gesungen haben, dass Sie einfach einen Psalmtext nehmen (denken Sie daran, dass die Psalmen das Gesangbuch der Juden sind) und diesen Psalm Gott mit Ihrer eigenen Melodie Gott vorsingen. Melodie, Intonation oder Rhythmus sind unwichtig. Es ist lediglich wichtig, dass Sie Gott gegenüber Ihr Lob ausdrücken mit den Worten, die andere Menschen formuliert haben, die durch schwere Zeiten gegangen sind. Fangen Sie doch einfach mit Psalm 77 an.

Warum zur Gemeinde gehen?

Vielleicht gehören Sie schon zu einer Kirche oder Gemeinde an Ihrem Ort. In einer Trennungszeit oder in Krisenzeiten ist es besonders wichtig, dass Sie andere Christen haben, mit denen Sie gemeinsam unterwegs sind. Es stimmt, dass auch in einer Gemeinde viel kritisiert wird. Wie oft höre ich diesen Satz: „Ich gehe nicht in die Kirche, weil da nur lauter Heuchler sitzen." Das ist leider wahr. Heuchler und Sünder sind regelmäßige Kirchenbesucher, doch wer bleibt noch übrig, wenn wir alle Heuchler und Sünder von der Liste streichen? Wir alle sind doch Sünder und manchmal auch Heuchler. Dass wir zu einer Gemeinde gehören, heißt nicht, dass wir perfekt sind. Es heißt nur, dass wir versuchen, im Glauben zu wachsen.

In den meisten Gemeinden werden Sie schnell Freunde finden, die Sie willkommen heißen und bereit sind, Ihnen zu helfen. Wir sind nicht dazu geschaffen, allein zu leben. Es ist Gott selbst, der in der Schöpfung sagt: „Es ist nicht gut, dass der Mensch allein lebt" (1. Mose 2,18). Und der Psalmist schreibt: „Den Einsamen gibt er (Gott) ein Zuhause“ (Psalm 68,7). Gerade jetzt brauchen Sie unbedingt die Gemeinschaft der Großfamilie Gottes.

Viele Menschen denken beim Stichwort „Kirche und Gemeinde“ nur an den sonntäglichen Gottesdienstbesuch. Das ist an sich eine gute Sache, aber es ist nur eine Veranstaltung unter vielen in einer Gemeinde, die lebendig ihren Glauben lebt. Die Gemeinde ist die Versammlung der „Herausgerufenen“, der Menschen, die Jesus Christus als ihren Herrn anerkennen. Sie treffen sich, um sich gegenseitig zu ermutigen und gemeinsam zu lernen. Kleine Bibelgruppen, Gebetskreise und Hauskreise sind lebensnotwendig für ein lebendiges Gemeindeleben. Sorgen Sie dafür, dass Sie nicht nur Sonntag im Gottesdienst sind, sondern suchen Sie sich eine Kleingruppe, in der Sie Antworten finden auf die Fragen, die Sie beschäftigen. Einige Gemeinden oder übergemeindliche Organisationen bieten sogar Seminare für Menschen an, die sich in einer Trennungssituation befinden. Die meisten Pfarrer und Prediger sind gerne bereit, seelsorgerliche Gespräche zu führen.

Wenn Sie bisher noch nicht regelmäßig in eine Gemeinde gegangen sind, dann fangen Sie gleich am nächsten Sonntag an. Suchen Sie sich eine Gruppe von Christen, mit denen Sie auf einer Wellenlänge liegen, mit denen Sie offen sprechen können und die Ihnen die Ermutigung und Unterstützung geben, die Sie jetzt brauchen.

Sie sollten allerdings nicht mit der Erwartung in eine Gemeinde gehen, dass Sie dort von vorne bis hinten betreut werden – sondern mit der Bereitschaft, dass auch Sie sich dort einbringen. Vielleicht fragen Sie jetzt: „Was kann ich schon geben? Ich komme ja noch nicht mal mit meinen eigenen Problemen klar.“ Doch vielleicht können Sie andere Menschen in der Gemeinde, die mit ähnlichen Problemen zu kämpfen haben, ermutigen, indem Sie erzählen, was Sie in Ihrer Beziehung zu Gott erlebt haben. Ein Gemeindebesuch ist niemals eine Einbahnstraße. In Hebräer 10 werden wir aufgefordert, uns gegenseitig zu ermahnen, zu trösten und zu ermutigen, und das kann am besten in einer authentischen, lebendigen Gemeinde geschehen.

Freude und Leid – und ein Leben mit Gott

Ich habe bereits die Worte Jesu zitiert, mit denen er alle Beladenen und Erschöpften einlädt, zu ihm zu kommen (Matthäus 11,28): „Nehmt auf euch mein Joch und lernt von mir; denn ich bin sanftmütig und von Herzen demütig; so werdet ihr Ruhe finden für eure Seelen. Denn mein Joch ist sanft, und meine Last ist leicht" (Matthäus 11,29-30; Luther 84). Jesus sagt uns nicht, dass wir unsere Lasten ablegen sollen, um auszuruhen. Er fordert uns vielmehr auf, unser eigenes Joch auf uns zu nehmen. Ein Joch bedeutet Arbeit. Wir werden dazu aufgefordert, nicht passiv zu sein, uns nicht einfach nur auszuruhen, sondern uns unter das Joch von Christus zu stellen und unser Leben gemeinsam mit anderen Christen dafür einzusetzen, um etwas Gutes für Gott in dieser Welt zu tun.

Jesus sagt: „Mein Joch ist sanft und meine Last ist leicht." Im Vergleich wozu? Im Vergleich zu den Lasten, die wir uns aufladen, wenn wir uns für ein Leben ohne ihn entscheiden. Wenn wir unseren eigenen Weg gehen und keinen Gedanken an Gott oder an sein Wort verschwenden, dann empfinden wir unser tägliches Joch als schwer. Doch wenn wir mit Christus gehen, empfinden wir sein Joch als leicht. Seine Last ist leicht im Vergleich zu dem, was wir zuvor geschleppt haben. Und seine Last verfolgt immer ein bestimmtes Ziel. Ja, auch hier müssen wir uns für etwas einsetzen, vielleicht sogar abmühen, doch diese Arbeit ist wichtig und sinnvoll.

Ich habe viele Menschen kennengelernt, die gerade in einer Ehekrise steckten und doch viel Zeit damit verbrachten, um in der Gemeinde ehrenamtlich mitzuarbeiten – z. B. im Gemeindebüro oder als Hausmeister – oder die anderen Menschen in schwierigen Lebenssituationen helfen konnten. Ihr eigener Schmerz macht Sie nicht unfähig, andere Menschen zu unterstützen. Im Gegenteil: Vielleicht werden Sie erst dadurch fähig, anderen zu helfen. Den Weg zum Glück finden wir nicht im Rückzug, in der Isolation von anderen oder dem ständigen Kreisen um die eigenen Probleme; den Weg zum Glück finden wir, wenn wir unser Leben mit Gott teilen und lernen, ihm zu dienen.

Übungen und Fragen, die weiterhelfen

Wenn Sie es nicht bereits getan haben, bitten Sie Gott jetzt darum, dass er Ihnen zeigt, an welchen Stellen Sie in Ihrer Ehe versagt haben.

1. Schreiben Sie Ihr Versagen auf und bekennen Sie jeden einzelnen Fehler vor Gott. Danken Sie ihm dafür, dass Jesus für Ihre Sünde bezahlt hat, und nehmen Sie seine Vergebung an.

2. Lesen Sie regelmäßig ein Kapitel in der Bibel und sprechen Sie mit Gott darüber. Ich schlage vor, dass Sie mit dem Jakobus-Brief aus dem Neuen Testament beginnen.

3. Versuchen Sie, für Gott einen Psalm zu singen. Erfinden Sie Ihre eigene Melodie und einen Rhythmus. Fangen Sie einfach mit Psalm 1 an.

4. Wenn Sie noch nicht zu einer Gemeinde gehören, dann entscheiden Sie heute, welchen Gottesdienst Sie am nächsten Sonntag besuchen wollen. Versuchen Sie, Anschluss an eine Kleingruppe zu finden.

5. Geben Sie nicht auf, bis Sie eine offene, liebevolle Gruppe von Christen gefunden haben, mit denen Sie sich über Ihr Leben austauschen können.

Kapitel 5

Liebe ist ...

Wenn Sie sich getrennt haben, kommt Ihr Ehepartner nicht mehr abends zu Ihnen nach Hause. Das heißt, es ist niemand da, der Sie begrüßt, wenn Sie Ihre Wohnung betreten. Wenn Sie Ihren Ehepartner immer noch lieben, dann können Sie ihm Ihre Liebe nur noch selten und über eine gewisse Distanz hinweg zeigen. Beklagen Sie nicht Ihre Lebensumstände. Ihre Situation ist so, wie sie ist, und daraus müssen Sie das Beste machen. Anhand der anschaulichen Worte aus 1. Korinther 13 möchte ich Ihnen einige praktische Wege aufzeigen, wie Sie auch in einer Trennungszeit Ihre Liebe ausdrücken können. Wenn Sie – noch – nicht getrennt leben, Ihre Ehe aber in einer Krise steckt, können die Worte von Paulus ebenfalls sehr hilfreich sein, wenn Sie nach Wegen suchen, um höflich und konstruktiv miteinander umzugehen.

Geduld

„Liebe ist geduldig" (Vers 4). Überstürzen Sie nichts. Ihre Ehe ist nicht über Nacht zerbrochen und wird auch nicht an einem Tag wieder intakt. Setzen Sie keine Zeitvorgaben für sich oder Ihren Ehepartner. Es ist am besten, wenn Sie sich keinen Druck machen. Wenn Sie getrennt leben, wünschen Sie sich, dass Ihr Ehepartner aus eigenem Antrieb auf Sie zukommt. Geben Sie ihm Zeit. Formulieren Sie Ihre Wünsche, aber dann treten Sie zurück und lassen Ihren Partner entscheiden.

Seien Sie mit Ihrem Partner geduldig, wenn Sie spüren, dass er innerlich zwiegespalten ist. Während einer Ehekrise oder einer Trennungsphase werden beide Partner emotional in zwei Richtungen gezogen. Die Sehnsucht nach der Erfüllung alter Träume – auch wenn sie etwas verblasst sind – zieht in Richtung Versöhnung. Auf der anderen Seite gibt es den Schmerz und die Verletzungen einer zerrütteten Ehe, die die Partner auseinanderdrängen. Möglicherweise gibt es auch einen neuen Partner, der ebenfalls emotional Einfluss nimmt. Es kann durchaus vorkommen, dass Ihr Ehepartner heute etwas behauptet und morgen das genaue Gegenteil sagt. Das heißt aber nicht, dass er Sie anlügt, sondern ist lediglich ein Ausdruck seiner momentanen Gefühlssituation. Es bleibt nur zu hoffen, dass Ihr Ehepartner keine Entscheidungen trifft, die auf Gefühlen basieren, sondern auf dem gesunden Menschenverstand. In der Zwischenzeit müssen Sie mit den widersprüchlichen Aussagen Geduld haben. Es ist hilfreich, wenn Sie signalisieren, dass Sie Verständnis für den anderen haben: „Ich verstehe, dass du dich in zwei Richtungen gezogen fühlst. Das geht mir manchmal auch so."

Freundlichkeit

Liebe „ist freundlich" (Vers 4). Das Wort, das hier mit „freundlich" übersetzt wird, hat die ursprüngliche Bedeutung „nützlich oder segensreich". Also meint Freundlichkeit z. B. Worte oder Taten, die für eine andere Person nützlich oder von Vorteil sind. Was können Sie konkret sagen oder tun, das für Ihren Ehepartner nützlich oder gut ist? Wenn Sie beispielsweise der Ehemann sind, der ausgezogen ist, gibt es unzählige Dinge in Haus und Garten, die Sie für Ihre Frau tun könnten – wenn sie das möchte. Wenn Ihre Frau diejenige ist, die Sie verlassen hat, gibt es auch viele „nützliche und segensreiche" Dinge, mit denen Sie ihr das Leben erleichtern können. Zögern Sie nicht, etwas Gutes zu tun, nur weil Ihr Ehepartner ausgezogen ist oder Sie sich auseinandergelebt haben. Wenn Ihr Partner Ihre Hilfe annimmt, kann das ein Weg sein, um Gottes Liebe zu zeigen. Was nützt es Ihnen, wenn Sie keine Unterstützung geben? Wenn Sie nicht helfen, wird es jemand anderes tun, und Sie haben eine Gelegenheit verpasst, in der Sie liebevoll und freundlich hätten sein können.

„Die Liebe baut auf", heißt es in 1. Korinther 8,1. Wie können Sie Ihren Ehepartner „aufbauen"? Eine Möglichkeit ist, Freundlichkeit durch Ihre Worte auszudrücken. Sagen Sie etwas Gutes oder Positives – etwas, das aufbaut anstatt niederreißt. Viele Aussagen in unseren Gesprächen während einer Ehekrise sind destruktiv. Wir formulieren unsere feindseligen Gefühle mit scharfen Worten, die die Fehler unseres Ehepartners noch extra betonen. Versöhnung aber führt über Worte der Freundlichkeit. Sie beide haben Probleme mit Ihrem Selbstwert. Sie beide leiden darunter, was geschehen ist. Sie beide fühlen sich schuldig, weil Sie Fehler gemacht haben. Warum ermutigen Sie Ihren Ehepartner nicht mit einem Kompliment über das Gute, das Sie in ihm wahrnehmen?

Wir können einander auch durch das ermutigen, was wir nicht sagen – und durch das Zuhören. Nehmen Sie als Ehemann den Schmerz Ihrer Frau wahr und diskutieren oder verteidigen Sie sich nicht ständig. In Sprüche 11,12 lesen wir dazu: „Ein vernünftiger Mensch hält seine Zunge im Zaum."

Vor einigen Jahren las ich die Geschichte einer Ehefrau, die zu einem Therapeuten ging und ihn bat, sie bei der Scheidung zu unterstützen. „Ich möchte ihn da treffen, wo es ihn am meisten schmerzt", sagte sie. „Was schlagen Sie vor?"

Der Therapeut antwortete: „Fangen Sie an, ihm Komplimente zu machen. Wenn er der Meinung ist, dass Sie ihn unendlich lieben, reichen Sie die Scheidung ein. Dann wird er am Boden zerstört sein."

Zwei Monate später berichtete die Frau dem Therapeuten, dass sie seinem Ratschlag gefolgt sei.

„Sehr gut", sagte der Therapeut. „Jetzt ist es Zeit, die Scheidungspapiere auszufüllen."

„Scheidung?", rief die Frau. „Niemals! Ich bin bis über beide Ohren in diesen Mann verliebt."

Was war geschehen? Die Frau hatte ihre Liebe zu ihrem Mann durch Komplimente ausgedrückt. Nach einiger Zeit fühlte er sich so geliebt von ihr, dass er ebenfalls damit begann, ihr seine Liebe zu zeigen.

Tiefe Gefühle können zum Leben erweckt werden. Doch freundliche Worte und Taten gehen diesen tiefen Gefühlen voraus. Manche Paare sind der Meinung, dass eine Trennung auf Zeit ihnen dabei helfen könnte, ihre Gefühle zu analysieren. Sie wollen sich trennen und jeglichen Kontakt vermeiden, um herauszufinden, ob im Lauf der Zeit ihre tiefen Gefühle füreinander wiederkehren. Ein solcher Versuch ist aussichtslos. Eine positive Einstellung zueinander und liebevolle Taten füreinander gehen solchen Gefühlen voran. Durch Distanz ändern sich Gefühle nicht.

Ich weiß, dass es für viele unmöglich scheint, sich einem Ehepartner gegenüber freundlich zu verhalten, der ihnen so tiefe Verletzungen zugefügt hat. Es wird einige Zeit dauern und vielleicht sollten Sie die Hilfe eines Seelsorgers oder Therapeuten in Anspruch nehmen, damit Sie mit Ihrem Schmerz zurechtkommen. Sie fragen sich: „Kann ich mich jemals liebevoll verhalten, wenn ich so unfreundlich behandelt wurde?"

Die Antwort lautet: Ja. Jesus ist unser Vorbild und er gibt uns die Kraft, Menschen zu lieben, die nicht liebenswert sind. Die selbstlose Liebe ist die höchste Form der Liebe und die stärkste Kraft, die Sie einer Person entgegenbringen können, die Sie verletzt hat.

Das Neid-Spiel

„Die Liebe neidet nicht“ (1. Korinther 13,4; Rev. Elberfelder). Während einer Trennung ist jeder Ehepartner davon überzeugt, dass der andere das bessere Los gezogen hat. Die Frau, die bei den Kindern geblieben ist, beschwert sich, dass ihr Mann tun und lassen kann, was er will, während sie sich zu Hause allein um die Kinder kümmert. Der Mann klagt darüber, dass sie ihm das Geld aus der Tasche zieht und ihm kaum das Nötigste zum Leben bleibt.

Das Neid-Spiel führt dazu, dass sich eine Frau auf eine Affäre einlässt, nur weil ihr Mann eine außereheliche Beziehung hat. Es führt dazu, dass ein Mann die Stadt verlässt, sich aus der Verantwortung für seine Kinder stiehlt und woanders nach seinem Glück sucht. In Wahrheit ist eine Trennung für alle Beteiligten schwer zu verkraften. Für keinen ist die Situation ideal. Auf beiden Partnern lastet zusätzlicher Druck. Finanzielle Probleme, eine ungeklärte Wohnungssituation, Einsamkeit, Sinnlosigkeit des Lebens – all das schreit nach Antworten. Sie leben in einem besonderen Zustand, der nicht normal ist. Ehemann und Ehefrau sind nicht dazu geschaffen, um getrennt zu leben. Sie sind für die eheliche Gemeinschaft gemacht. Wenn Sie einen Weg suchen, um Ihre Differenzen zu überwinden und Ihre Ehe wiederherzustellen, werden Ihre emotionalen, physischen, geistlichen und sozialen Bedürfnisse am besten gestillt. Seien Sie nicht neidisch auf die momentane Situation Ihres Ehepartners, sondern beten und arbeiten Sie dafür, dass die Einheit von zwei Menschen wiederhergestellt wird, die einsam und verletzt sind.

Demut

Liebe „prahlt nicht und schaut nicht auf andere herab" (Vers 4). Es wäre so einfach, auf Ihre Ehe zurückzublicken und Ihr großartiges Verhalten hervorzuheben, wobei Sie Ihre Schwächen geflissentlich übersehen. „Ich bin dir immer treu gewesen. Ich habe mir deine Probleme angehört, mich um das Haus gekümmert, jeden Tag hart gearbeitet; ich war immer für dich da ... und was hat es mir gebracht? Ich habe alles getan, was ich tun konnte. Und jetzt, was ist jetzt? Ich ... ich ... ich ..." Vielleicht entsprechen diese Worte der Wahrheit, aber sie sind nicht liebevoll.

Ihr früheres Verhalten spricht für sich selbst. Sie müssen es nicht noch laut herumposaunen. Ihre Freunde kennen Sie. Ihre Kinder kennen Sie. Sie kennen sich selbst. Gott kennt Sie durch und durch. Und Ihr Ehepartner kennt Sie, auch wenn er momentan vielleicht eher Ihre negativen Seiten betont. Die Liebe gibt nicht an. Bleiben Sie menschlich und vertrauen Sie auf Gott.

Höflichkeit

Liebe „benimmt sich nicht unanständig" (Vers 5; Rev. Elberfelder). Das Gegenteil von Unanständigkeit ist Höflichkeit. Sie müssen einander nicht unfreundlich behandeln, nur weil Sie getrennt leben. Das Wort „Höflichkeit" erinnert an das Verhalten, das man früher „bei Hofe" gezeigt hat oder wenn man einer Person „den Hof macht". Behandeln Sie Ihren Ehepartner mit Würde und Respekt, so, als ob Sie ihm den Hof machen wollten. Erinnern Sie sich, wie Sie sich verhalten haben, als Sie noch nicht verheiratet waren? Wenn Sie Ihren Partner damals mit Respekt behandelt haben, dann kehren Sie zu diesem Verhalten zurück.

Es gibt keinen Grund, warum Sie sich streiten und anschreien müssen, wenn Sie sich jetzt treffen. „Eine freundliche Antwort vertreibt den Zorn, aber ein kränkendes Wort lässt ihn aufflammen" (Sprüche 15,1). Natürlich müssen Sie über bestimmte Themen diskutieren, doch es besteht keine Notwendigkeit, dass Sie sich dabei gegenseitig angreifen. Ich weiß, dass uns der Ärger manchmal überkommt, doch wir sollten in unserem Zorn nicht sündigen (Epheser 4,26). Praktische Hinweise, wie Sie in einem Konflikt konstruktiv miteinander kommunizieren können, finden Sie in meinem Buch *Weil unsere Liebe wachsen soll*[4].

Warum nehmen Sie sich nicht ab und zu eine Auszeit von Ihren Problemen und unternehmen etwas gemeinsam, das Ihnen beiden Freude macht – natürlich nur, wenn Ihr Ehepartner mit diesem Vorschlag einverstanden ist? Sie sollten nicht das Gefühl haben, Sie müssten ständig über Ihre Probleme sprechen. Wenn Sie gemeinsam Zeit verbringen, dann seien Sie höflich zueinander. Achten Sie auf die Kleinigkeiten, von denen Sie wissen, dass Ihr Partner sie schätzt. Sprechen Sie freundlich. Setzen Sie die Interessen Ihres Partners an die erste Stelle. Entdecken Sie die Stärken Ihres Partners ganz neu. Genau wie Ann und Steve, das Ehepaar, das sich durch verschiedene Umstände auseinandergelebt hatte, finden Sie vielleicht einfach nur durch gemeinsam verbrachte Zeit allmählich wieder einen Weg zueinander zurück. Es ist wichtig, dass sich ein Paar wieder auf die gegenseitigen Stärken konzentriert und von dort anfängt, die Beziehung neu aufzubauen. Beginnen Sie mit dem Positiven!

4 Gary Chapman, *Weil unsere Liebe wachsen soll* (Marburg: Verlag der Francke-Buchhandlung, 1996/2008).

Liebe „sucht nicht den eigenen Vorteil" (1. Korinther 13,5). Vor der Hochzeit träumen die meisten Menschen davon, wie glücklich sie als Ehepaar sein werden. Sie malen sich aus, was der Ehepartner alles für den andern tun wird. Natürlich war es damals auch unser Wunsch, dass unser Partner glücklich wird, doch unsere Hauptgedanken richteten sich wohl auf das, was die Ehe für uns selbst bedeutete.

Doch nach der Hochzeit hat der Ehepartner nicht nur ausschließlich unser persönliches Glück im Blick gehabt und hat sich nicht nur um unsere Bedürfnisse gekümmert. Mehr und mehr hat er unsere Zeit, unsere Kraft, unsere Ressourcen für sein eigenes Glück eingefordert. Wir haben uns betrogen und ausgenutzt gefühlt. Also haben wir für unsere Rechte gekämpft. Wir haben von unserem Partner verlangt, dass er bestimmte Dinge für uns tut, oder wir haben die Flinte ins Korn geworfen und woanders nach unserem Glück gesucht.

Das Glück ist ein eigenartiges Ding. Wenn man es erwerben möchte, findet man es nicht. Sie können alle Verkaufsregale der ganzen Welt nach Ihrem persönlichen Glück absuchen und werden es für kein Geld der Welt finden. Vereinsamte Männer und Frauen, egal aus welcher Generation, haben sich über die Vergeblichkeit ihrer Suche nach dem Glück beschwert. Doch echtes Glück ist ein Nebenprodukt. Wir finden es, wenn wir einen anderen Menschen glücklich machen.

Was können Sie für das Glück Ihres Ehepartners tun? Zugegeben, das ist eine schwierige Frage. „Es ist mir völlig egal, ob er glücklich ist", sagen Sie vielleicht. „Was ist mit mir? Ich wäre über eine Veränderung sehr glücklich!"

Ihre Gefühle sind sehr verständlich – aber wie wollen Sie Ihr Glück finden? Dazu müssen Sie die Bedürfnisse eines anderen Menschen sehen und versuchen, diese zu stillen. Warum fangen Sie nicht bei Ihrem Ehepartner an?

Bis Sie diese Bedürfnisse wirklich kennen, brauchen Sie natürlich einen genaueren Einblick, denn Ihr Ehepartner ist vielleicht nicht in der Lage, Ihnen seine Wünsche direkt zu sagen. Jana, die seit über dreißig Jahren verheiratet ist, gibt uns diesen entscheidenden Tipp: „Es ist so unendlich wichtig, den Ehepartner genau zu beobachten, um seine Reaktionen verstehen zu können. Mein Mann wird wütend, wenn er sich über sich selber ärgert. Letztes Jahr an Weihnachten kämpfte er mit dem Weihnachtsbaum und versuchte vergeblich, ihn in den Ständer zu zwängen. Immer und immer wieder fiel der Baum um. Ich war im oberen Stockwerk im Arbeitszimmer, als er völlig entnervt zu mir kam. Zuerst verstand ich seine Reaktion nicht und sagte: ‚Aber das soll doch *Spaß* machen!' Dann erst merkte ich, dass er nicht auf mich wütend war, sondern auf sich selbst. Männer mögen es gar nicht, wenn sie zugeben müssen, dass sie etwas nicht schaffen, vor allem nicht, wenn es um eine praktische Aufgabe geht.

Sein Bedürfnis in dieser Situation war es, dass ich ihm wirklich zuhörte und entsprechend reagierte. Also habe ich meine Arbeit unterbrochen und mich ganz auf ihn konzentriert."

Die Vergangenheit vergessen

Liebe „ist nicht nachtragend" (Vers 5). Wie viele Male habe ich mir in Beratungsgesprächen anhören müssen, wie ein Ehemann oder eine Ehefrau sich stundenlang in allen Einzelheiten über die Schandtaten seines Ehepartners ausließ? Manche Menschen können tatsächlich noch jedes Detail beschreiben, selbst wenn der Vorfall schon länger als fünfzehn Jahre zurückliegt. Jedes Mal, wenn sie über dieses Erlebnis sprechen, durchleben sie die Gefühle erneut.

Der Schmerz, die Enttäuschung und die Verletzung werden wahrgenommen, als seien sie erst gestern passiert. Aber welchen Sinn hat das? Es ist wichtig und richtig, solche Erlebnisse einmal mit einem Therapeuten durchzusprechen, doch sie tagtäglich wieder in Gedanken durchzugehen, ist völlig sinnlos, ja geradezu zerstörerisch.

Jeder von uns hat – bildlich gesprochen – Dreck unter den Teppich gekehrt, den unser Ehepartner gegen uns verwenden könnte, um uns zu zerstören. Ja, wir sind schuldig geworden, haben Fehler gemacht und schlimme Dinge begangen, doch die großartige Botschaft der Bibel lautet, dass es dafür Vergebung gibt. Christus ist für unsere Sünden gestorben, damit wir der Bestrafung entgehen. „Wer nun mit Jesus Christus verbunden ist, wird von Gott nicht mehr verurteilt" (Römer 8,1). Vergebung bedeutet, dass Gott uns unsere Fehler nicht länger vorhält. Er erinnert uns niemals an das, was in der Vergangenheit war und vergeben wurde.

In dem Verhalten unserem Partner gegenüber sollten wir uns an Gottes Vorbild orientieren. Ja, unser Ehepartner hat sich uns gegenüber falsch verhalten, doch wir haben auch die Möglichkeit zu vergeben. Wenn Ihr Ehepartner seine Schuld anspricht und um Vergebung bittet, dann sollten Sie das Vergangene nie wieder ansprechen. Es dient wirklich keinem sinnvollen Ziel, wenn manche Themen wieder und wieder auf den Tisch kommen. Ihr Wohlbefinden wird nicht von Ihrer Vergangenheit beeinflusst, sondern von Ihrem Verhalten in der Zukunft. Es ist entscheidend, wie Sie sich heute gegenüber anderen Menschen verhalten, nicht wie Sie sich im letzten Monat begegnet sind. Die Vergangenheit zu begraben ist der Schlüssel, der Ihnen die Zukunft öffnet und Versöhnung zwischen Ihnen und Ihrem Ehepartner schafft.

Vertrauen

„Stets vertraut die Liebe“ (1. Korinther 13,7). „Wie kann ich ihm jemals wieder vertrauen?“, fragt sich die Ehefrau. „Wie kann ich es lernen, ihr wieder zu vertrauen – nach allem, was geschehen ist?“, will der Ehemann wissen. Vertrauen ist eine entscheidende Zutat für die eheliche Gemeinschaft. Wenn wir unserem Ehepartner vertrauen, glauben wir daran, dass er oder sie grundsätzlich integer und aufrichtig ist. Wir haben den Eindruck, dass das, was sie sagen, die Wahrheit ist. Wir haben keinen Grund zu zweifeln. Doch wenn ein Mensch unser Vertrauen zerstört und unehrlich ist, dann geht diese Grundlage in die Brüche. Wenn es immer wieder passiert, dann schwindet unser Vertrauen, bis es ganz zerstört ist.

Kann Vertrauen wiederhergestellt werden? Ja, wenn echte Aufrichtigkeit im Spiel ist. Vertrauen stirbt, wenn die Aufrichtigkeit stirbt. Wenn wir unsere Schuld bekennen und um Vergebung bitten, wird uns von Gott die Schuld vergeben. Und wir dürfen hoffen, dass auch unser Ehepartner uns vergibt. Und in diesem Moment wird der Same der Aufrichtigkeit neu gesät. Natürlich dauert es einige Zeit, bis die Frucht des Vertrauens wieder gewachsen ist. Das Vertrauen wurde ja nicht über Nacht zerstört und es wächst auch nicht im Handumdrehen nach. Ja, wir können es lernen, wieder zu vertrauen, doch ein solches Vertrauen basiert darauf, dass sich der andere als aufrichtig und rechtschaffen erweist. Und das braucht Zeit. Wir müssen die zarte Pflanze der Aufrichtigkeit hegen und pflegen, bis sich ihre Wurzeln wieder tief in unsere Beziehung eingegraben haben.

Ganz praktisch gesprochen heißt das, dass Ihr Ehepartner sich wieder und wieder als aufrichtig erweisen muss, wenn das Vertrauen wiederhergestellt werden soll. Ihr Partner muss sich seinen Worten entsprechend verhalten. Sein Verhalten Ihnen gegenüber muss vollkommen authentisch und ehrlich sein, sonst kann kein neues Vertrauen wachsen. Jedes Mal, wenn Sie feststellen, dass Ihr Ehepartner die Wahrheit gesagt hat, wächst Ihr Vertrauen wieder ein bisschen. Auch während einer Krise kann das Vertrauen neu wachsen, doch nur, wenn Ihr Partner bereit ist, sich dementsprechend zu verhalten.

Wenn Sie derjenige sind, der den andern betrogen hat, dann können Sie die zarte Pflanze des Vertrauens dadurch zum Wachsen bringen, dass Sie Ihren Ehepartner einladen, Ihr Verhalten zu beobachten und zu hinterfragen. Jedes Mal, wenn Ihr Ehepartner sieht, dass Ihr Verhalten mit Ihren Worten übereinstimmt, wächst neues Vertrauen. Es dauert lange, doch es ist möglich, dass Sie wieder ein vertrauenswürdiger Mensch werden und dass Ihr Ehepartner lernt, Ihnen neu zu vertrauen.

Hoffnung

Liebe „verliert nie die Hoffnung“ (Vers 7). Ich bin überzeugt, dass Hoffnung das Beste ist, das ein Therapeut in eine Beratungsstunde mitbringen kann. Ein offenes Ohr, ein mitfühlendes Herz, neue Kommunikationstechniken, biblische Ratschläge – das alles ist nötig für eine erfolgreiche Beratung, doch ohne Hoffnung nützt das alles nichts. Dieser Geist der Hoffnung ist mein Erfahrungsschatz aus den Schwierigkeiten, die ich in meiner eigenen Ehe erlebt habe, und aus den vielen Ehen, die ich begleitet habe und die Heilung erfahren durften. Und diese Hoffnung hat ihren Ursprung in den kraftvollen Aussagen der Bibel.

In den ersten Jahren unserer Ehe haben Karolyn und ich nach und nach jegliche Hoffnung verloren. Es schien, als ob unser Traum niemals wahr werden würde. Wir liebten uns (jedenfalls nahmen wir das an), doch wir konnten bestehende Konflikte nicht lösen. Jeder klammerte sich an seine Vorstellung von dem, was der andere sein und tun sollte, doch keiner von uns beiden entsprach diesen Erwartungen. Ich kenne den Schmerz, der entsteht, wenn man dabei zusehen muss, wie das eine, das man im Leben erreichen möchte – eine glückliche Ehe – mit jedem Tag allmählich unwahrscheinlicher wird. Wir trennten uns zwar nicht räumlich, doch emotional lebten wir voneinander getrennt.

Es gab keine einfache Lösung, keine Zauberhand, die unser Leben änderte, doch wir blieben zusammen, bis sich unsere Einstellung zueinander änderte. Bücher, Seminare, Freunde und Gott – das alles zusammen half uns dabei zu erkennen, dass vieles aus unserem zerstörerischen Verhalten aus unserer eigenen Unsicherheit resultierte. Wir lernten allmählich, uns selbst besser zu verstehen, besonders die Stärken und Schwächen unserer eigenen Persönlichkeit. Wir hörten uns gegenseitig zu, anstatt pausenlos zu reden. Wir stellten Fragen anstatt Forderungen. Wir suchten nach Wegen, einander zu verstehen, nicht um unsere eigenen Vorstellungen durchzudrücken. Wir lernten die Stärken des anderen schätzen und uns in unseren Schwachpunkten gegenseitig zu unterstützen. Wir begannen, uns als Freunde zu sehen. Die Wärme und Sicherheit in unserer heutigen Beziehung sind mittlerweile weit entfernt von dem Leid und den Verletzungen dieser frühen Ehejahre, doch ich erinnere mich daran und habe deshalb Hoffnung für andere Ehen, die in einer Krise stecken.

Die Botschaft von Christus ist „eine Kraft Gottes, die alle befreit, die darauf vertrauen" (Römer 1,16). Im Lauf der Jahre habe ich miterlebt, wie sich Männer und Frauen wirklich verändert haben, wenn sie ihr Leben Christus übergaben. Die schlichte Botschaft des Evangeliums ist nicht allein, dass Gott uns durch den Tod Jesu am Kreuz unsere Sünden vergeben wird, sondern dass der Heilige Geist in uns leben und uns die Kraft geben wird, uns zu verändern. Jeder Mann, jede Frau trägt die Kraft zur Veränderung in sich, doch wir Christen haben noch die besondere Unterstützung des Heiligen Geistes, wenn wir uns entscheiden, auf Gottes Wegen zu gehen.

Ja, es gibt Hoffnung für Sie und für Ihre Ehe. Der erste Schritt besteht darin, Ihr Leben Gott zu übergeben. Der zweite Schritt beinhaltet, dass Sie Ihren Ehepartner weiter lieben – trotz alldem, was geschehen ist. Sicherlich besteht die nicht ganz unwahrscheinliche Möglichkeit, dass Ihr Ehepartner nicht auf Ihre Liebe oder auf die Liebe Gottes reagiert. Doch Gott wird Sie nicht ohne Hoffnung lassen.

Sie haben eine Zukunft mit Gott. Für diese Zukunft müssen Sie sich um Aussöhnung bemühen. Gott wird Ihre Schritte in eine sinnvolle Zukunft lenken. Der Sinn Ihres Lebens hängt nicht von der Antwort Ihres Ehepartners auf Ihre Bemühungen ab, sondern von Ihrer eigenen Antwort auf Gottes Bemühungen um Sie.

Übungen und Fragen, die weiterhelfen

1. Beten Sie dafür – und dann überlegen Sie, wie Sie Gottes Liebe gegenüber Ihrem Ehepartner zeigen können. Machen Sie eine Liste.

2. Machen Sie eine weitere Liste mit den Dingen, die Sie nicht mehr tun oder sagen sollten, wenn Sie Gottes Liebesbote für Ihren Ehepartner sein wollen.

3. Beten Sie, dass Gott Ihnen dabei hilft, zerstörerische Worte und Handlungen in der Beziehung mit Ihrem Ehepartner zu unterlassen.

4. Wählen Sie eine der Möglichkeiten aus, die Sie unter Punkt 1 aufgeschrieben haben, und bitten Sie Gott um eine Gelegenheit, wie Sie Ihrem Ehepartner in dieser Woche Gottes Liebe zeigen können.

5. Entscheiden Sie sich dafür, mit Gott weiterzugehen – ganz egal, wie sich Ihr Ehepartner Ihnen gegenüber verhält.

Kapitel 6

Eine harte Liebe

Spätestens jetzt wenden Sie vielleicht ein: „Aber Dr. Chapman, was ist mit mir? Ich kann einfach nicht mehr vernünftig mit meinem Ehepartner reden, geschweige denn, freundlich zu ihm sein. Ich musste einfach die Kinder und meine Siebensachen packen und ausziehen – zu meiner eigenen Sicherheit." Oder ich denke an Tim, den wir zu Beginn dieses Buches kennengelernt haben. Tim wurde von seiner Frau immer wieder mit scharfen Worten angegriffen und verletzt. Was sollten wir ihm raten?

Lassen Sie mich eine Sache klar und deutlich sagen: *Es gibt Dinge, die in einer Ehe oder Beziehung nicht zu entschuldigen sind.* Wenn physischer oder psychischer Missbrauch, Untreue, sexueller Missbrauch von Kindern, Alkoholabhängigkeit oder Drogenmissbrauch in der Ehe vorkommen, ist es an der Zeit, liebevoll, aber deutlich eine Grenze zu ziehen. Tatsächlich ist es kein Zeichen von Liebe, wenn ein solches Verhalten toleriert wird. Liebe sorgt sich immer um das Wohlergehen des geliebten Menschen. Es ist kein Zeichen von Liebe, ein solches Fehlverhalten zu akzeptieren und nichts dagegen zu unternehmen. Dieses Verhalten zerstört den Menschen und damit auch die Ehe. Liebe muss sich der Wahrheit stellen. Das ist eine harte Liebe. Aber das ist wahre Liebe.

Konfrontieren – und erlösen

In der Bibel wird eine Konfrontation mit der Wahrheit immer als ein Schritt zur Erlösung gesehen. „Wenn dein Bruder Schuld auf sich geladen hat, dann geh zu ihm und sag ihm, was er falsch gemacht hat", sagt Jesus in Matthäus 18,15. „Wenn er auf dich hört, hast du deinen Bruder zurückgewonnen." Das heißt, wenn wir jemanden mit seiner Schuld konfrontieren, tun wir das in der Hoffnung, dass unsere Beziehung wiederhergestellt werden kann.

Wir wissen allerdings auch, dass auf eine solche Konfrontation nicht immer die Reue folgt. Jesus fährt fort: „Will er davon nichts wissen, nimm einen oder zwei andere mit, denn durch die Aussage von zwei oder drei Zeugen wird die Sache eindeutig bestätigt. Wenn dein Bruder auch dann nicht hören will, bring den Fall vor die Gemeinde. Nimmt er selbst das Urteil der Gemeinde nicht an, dann behandle ihn wie einen, der von Gott nichts wissen will und ihn verachtet" (Verse 16-17) – also wie einen Nichtgläubigen. Wie gehen Sie mit einem Menschen um, der nicht an Gott glaubt? Sie beten für ihn. Sie versuchen, ihm Gottes Liebe vorzuleben, doch Sie werden sein falsches Verhalten nicht gutheißen. Wenn er sein Verhalten bereut, sind Sie gerne bereit, ihm zu vergeben und einen Neuanfang zu wagen. Das ist ja Ihr Motiv, warum Sie den anderen mit seiner Schuld konfrontieren.

Zuerst sprechen wir mit unserem Ehepartner also unter vier Augen. Wir machen nicht nur deutlich, dass uns sein Verhalten missfällt, sondern weisen vielmehr auch darauf hin, dass ein solches Verhalten Sünde ist. Es verletzt die Regeln, die Gott für eine Ehe und Familie vorgegeben hat. Wir bitten unseren Partner, zu Gott zurückzukehren und sich von dem Fehlverhalten abzuwenden. Wir versichern ihm, dass wir ihn weiterhin so sehr lieben, dass uns dieses Verhalten nicht egal ist. Wir können es nicht stillschweigend dulden. Wenn der

Ehepartner seine Fehler einsieht und bereut, können wir ihm vergeben und versuchen, in unserer Ehe enger zusammenzuwachsen.

Doch wenn der andere sich weigert, sein Leben zu ändern, besprechen wir die Situation mit zwei oder drei Menschen, damit sie uns in einem erneuten Gespräch mit unserem Ehepartner unterstützen. Es sollten vertrauenswürdige, erfahrene Menschen sein, die wissen, wie man ein solches Verhalten liebevoll, aber klar anspricht. Vielleicht bringt schon die Tatsache, dass andere von dem Fehlverhalten wissen, den Ehepartner dazu, sich Unterstützung zu suchen. Wenn er bereit ist, seelsorgerliche oder therapeutische Hilfe in Anspruch zu nehmen, sollte so schnell wie möglich damit begonnen werden. Diese Unterstützung sollte so lange fortgeführt werden, bis der Seelsorger bzw. der Therapeut und Ehemann und Ehefrau sich einig sind, dass das Problem in angemessener Weise aufgearbeitet wurde. Mit persönlicher Begleitung und der liebevollen Unterstützung einer Gemeinde oder christlichen Gruppe können falsche Verhaltensmuster geändert werden. Dann ist es möglich, eine Ehe vor dem Aus zu retten.

Der dritte Schritt der Konfrontation besteht darin, das Problem mit der ganzen Gemeinde zu teilen. Wenn unser Ehepartner seine Fehler nicht einsieht, nachdem Sie ihn zuerst unter vier Augen und dann im Gespräch mit zwei oder drei anderen Personen damit konfrontiert haben, dann kommt die Gemeinde ins Spiel. Normalerweise geschieht das, indem wir mit dem Pastor bzw. mit einem der Gemeindeältesten sprechen. Gemeinsam mit einer kleinen Gruppe von Gemeindemitgliedern wird der Pfarrer oder Gemeindeleiter erneut das Gespräch mit dem Ehepartner suchen. Vielleicht sieht er ja jetzt seine Schuld ein und ist bereit, fremde Hilfe anzunehmen, sodass der Heilungsprozess beginnen kann.

Obwohl dieser Schritt für einige Menschen vielleicht zu viel ist oder manche Gemeindeleiter oder Pfarrer sich weigern, in eine solche Sache hineingezogen zu werden, ist das ganz klar der biblische Weg. Meine Erfahrung hat mir gezeigt, dass Gott häufig den Besuch der Gemeindevertreter dazu gebraucht, um das Herz des Ehepartners zu erreichen und den Weg der Veränderung zu beginnen.

Wenn nach all diesen Versuchen immer noch nicht die Bereitschaft vorhanden ist, sich mit dem Problem auseinanderzusetzen, dann sagt uns die Bibel, dass wir den anderen wie einen Nichtgläubigen behandeln sollen. Was heißt es jedoch, wenn wir das auf unsere Ehe übertragen? Heißt das, wir sollen uns trennen? Meiner Ansicht nach ist das natürlich eine Möglichkeit, doch unser Ziel ist es ja immer noch, die Versöhnung zu erreichen. Vielleicht kann eine Trennung ein Weg sein, um die Ehekrise so zu verschärfen, dass wir damit unseren Ehepartner drängen, eine Veränderung in Angriff zu nehmen. Wir beten für ihn, lieben ihn und warten darauf, dass er sich von seinem falschen Weg abwendet.

Trennung aus Liebe

Für manche Christen ist eine Trennung immer und unter allen Umständen die falsche Entscheidung. Doch tatsächlich kann sie in manchen Fällen sogar die beste Möglichkeit sein, um dem Partner zu zeigen, dass man ihn liebt. Das möchte ich an einem Beispiel erklären.

Nach einem meiner Vorträge wartete Joyce draußen vor der Halle auf mich. Als ich die Halle verließ, bemerkte ich, dass sie mich anstarrte. „Sie sind Dr. Chapman, nicht wahr?", fragte sie. Keine Chance, mich als Gary Smalley auszugeben, also gab ich meine Identität zu. Sie sagte: „Ich habe hier auf Sie gewartet, weil ich eine Frage zu Ihrem Vortrag habe. Das, was Sie über Liebe gesagt haben, war für mich sehr schmerzlich. Ich lebe seit drei Monaten von meinem Mann getrennt.

Und ich möchte Ihnen eine Frage stellen. Gibt es irgendwann einen Zeitpunkt, an dem die Liebe aufhört?"

„Warum fragen Sie das?", wollte ich wissen.

„Mein Mann hat mich seit acht Jahren psychisch und körperlich missbraucht. Er hat sich geweigert, arbeiten zu gehen. Ich habe sieben Jahre lang das Geld für die Familie verdient. Dann wurde ich krank. Sogar in dieser Situation hat er es abgelehnt, sich einen Job zu suchen."

„War er überhaupt fähig zu arbeiten?", fragte ich.

„So fähig wie ich. Er hatte ja einen Job, als wir geheiratet haben. Doch sechs Monate nach der Hochzeit hat er seine Arbeitsstelle verloren und hat sich nie um einen neuen Job bemüht. Ich hatte ja meine Arbeit, sodass er bei den Kindern zu Hause bleiben konnte und den ganzen Tag Fernsehen schaute. Dabei erwartete er von mir, dass ich auch noch das Kochen übernahm. Sogar als unser jüngstes Kind in die Schule kam, hat er sich keine Arbeit gesucht.

Da hatte ich genug. Ich investierte so viel, doch ich bekam nie etwas zurück. Irgendwann erreichte ich den Punkt, an dem ich keine Liebe mehr zu geben hatte. War es falsch von mir, dass ich aufhörte, ihn zu lieben?"

„Vielleicht haben Sie gar nicht aufgehört, ihn zu lieben", erwiderte ich. „Vielleicht lieben Sie ihn mehr als vorher. So wie ich die Bibel verstehe, geht es bei der Liebe darum, dass wir uns um das Beste für den anderen bemühen. Wir setzen das Wohlergehen des anderen über unser eigenes."

Sie unterbrach mich. „Das habe ich doch die ganzen Jahre über getan, Dr. Chapman, doch jetzt kann ich einfach nicht mehr."

„Ich verstehe, was Sie die ganzen Jahre über wollten", sagte ich, „doch ich bin mir nicht sicher, ob das wirklich Liebe war. Denn Sie haben Ihren Mann ja in seinem verantwortungslosen Verhalten noch unterstützt. Haben Sie ihm damit wirklich geholfen? War das wirklich gut für ihn? Sie haben ihm ein Leben ohne Arbeit ermöglicht, obwohl die Bibel sagt: ‚Wer nicht arbeiten will, der soll auch nicht essen.‘[5] Ihr Verhalten hat ihm dabei geholfen, sich diesem biblischen Grundsatz zu widersetzen.“

Ich spürte, dass unser Gespräch eine Richtung nahm, die Joyce nicht erwartet hatte. Und so fuhr ich fort: „Die Trennung von Ihrem Mann war der erste Schritt in die richtige Richtung. Damit haben Sie ihm geholfen, diesen biblischen Grundsatz wieder anzuwenden. Sie haben damit quasi gesagt: ‚Ich werde dich nicht länger dabei unterstützen, dass du gegen biblische Prinzipien verstößt. Ich kann dich nicht zwingen, dir einen Job zu suchen, doch ich helfe dir nicht länger dabei, dass du dich vor der Verantwortung drückst.‘ Wer weiß – vielleicht sucht er sich ja einen Job.“

„Oh, er hat mir schon versprochen, dass er arbeiten gehen will und dass er mich gut behandelt, wenn ich zu ihm zurückkomme“, sagte sie.

„Dann schauen Sie, ob er seinen Worten auch Taten folgen lässt. Er soll sich einen Job suchen und dann gehen Sie mit ihm zu einem Seelsorger oder Therapeuten und sprechen über das Missbrauchs-Thema. Vielleicht können Sie tatsächlich eines Tages eine gesunde Ehe im Sinne der Bibel führen. Doch machen Sie Ihrem Mann auf jeden Fall klar, dass Sie nicht zurückkehren werden, bis alle diese Themen aufgearbeitet sind. Sie brauchen einen Beweis, dass die Dinge sich ändern können. Verstehen Sie jetzt, was ich damit gemeint habe, als ich sagte, dass Sie ihn jetzt gerade mehr lieben als zuvor? Verstehen Sie mich nicht falsch. Ich will Sie nicht zur Scheidung ermutigen. Ich sage nur, dass wahre Liebe den anderen mit seinem Fehlverhalten konfrontieren muss, um ihm dadurch zu helfen.

Wahre Liebe sagt zu einem Ehemann: ‚Ich liebe dich viel zu sehr, um dich bei deinen Fehlern zu unterstützen. Ich werde

5 2. Thessalonicher 3,10.

nicht tatenlos dabei zusehen, wie du dich und mich zerstörst. Ich kann dich nicht daran hindern, wütend auf mich zu sein, aber ich werde nicht mehr da sein, wenn du deine Wut an mir auslassen willst. Wenn du willst, dass unser Leben besser wird, dann bin ich gerne bereit. Doch ich werde nicht länger zulassen, dass du mich zerstörst.'

Ihr Verhalten hat nichts mit Im-Stich-Lassen zu tun, sondern mit Liebe", erklärte ich ihr. „Und um Ihre erste Frage zu beantworten: Es gibt keinen exakten Zeitpunkt, an dem die Liebe zu einem Menschen aufhört. Doch es gibt einen Zeitpunkt, an dem wir die Liebe anders, effektiver ausdrücken können. Es ist doch keine Liebe, wenn Sie dem anderen erlauben, Sie als Fußabtreter zu benutzen. Liebe heißt, sich so sehr um das Wohlergehen des anderen zu sorgen, dass Sie sich weigern, sein zerstörerisches Verhalten zu unterstützen. Viele Menschen finden den Weg zur Veränderung, wenn ein anderer sie so sehr liebt, dass er ihnen ihre Fehler vor Augen führt."

Gottes harte Liebe

Gott ist unser bestes Vorbild in Sachen Liebe, die Grenzen setzt. Wieder und wieder lesen wir in der Bibel Abschnitte, die den folgenden Worten an Israel ähneln:

Darum lebt nach den Weisungen, Ordnungen und Geboten, die ich euch heute gebe! Wenn ihr sie befolgt, wird der Herr sich an seinen Bund mit euch halten. Ihr werdet weiter seine Güte erfahren, wie er es euren Vorfahren zugesagt hat. Er wird euch lieben und segnen, euch viele Kinder schenken und euer Volk wachsen lassen. In dem Land, das er euren Vorfahren für euch versprochen hat, werdet ihr Getreide, Weintrauben und Oliven in Hülle und Fülle ernten. Eure Rinder, Schafe und Ziegen werden sich stark vermehren (5. Mose 7,12-13).

Wenn ihr aber den Herrn, euren Gott, vergesst und anderen Göttern nachlauft, ihnen dient und sie anbetet, werdet ihr zugrunde gehen, das versichere ich euch! (5. Mose 8,19).

Solche Anweisungen, mit denen Grenzen gesetzt werden, wurden von manchen Menschen als unchristlich und lieblos beurteilt. Tatsächlich jedoch ist das Liebe in ihrer schönsten Form. Ohne Grenzen wird alles im Leben haltlos. „Gute Grenzzäune sorgen für gute Nachbarn", schrieb der Dichter Robert Frost[6]. Das ist nicht nur poetisch schön formuliert, sondern trifft die Wahrheit genau. Es gibt Dinge, die in einer Ehe nicht erlaubt sind. Wahre Liebe ist bereit, eine Grenze zu ziehen, und weigert sich, ein Verhalten außerhalb dieser Grenzen zu tolerieren. Eine solche harte Liebe führt vielleicht nicht zu einer Versöhnung, aber sie ist eine verantwortliche und liebevolle Tat.

Manche Christen definieren Liebe als eine bedingungslose Erfüllung aller Wünsche des Ehepartners, unabhängig von dessen Verhalten. Doch so zeigt Gott seine Liebe nicht. Es ist wahr, dass Gott uns bedingungslos liebt, doch es stimmt nicht, dass seine Zuneigung unabhängig davon ist, ob wir uns an seine Anweisungen halten oder nicht. Er hat Grenzen gezogen und wenn wir uns an diese Grenzen halten, erfahren wir seinen „Segen". Wenn wir uns jedoch dagegen auflehnen, liebt er uns viel zu sehr, um stillschweigend zuzusehen.

Manchmal – sei es aus Liebe oder aus Angst – finden wir uns mit dem zerstörerischen Verhalten unseres Ehepartners ab. Aber das führt irgendwann dazu, dass wir unseren Partner hassen. Es ist doch viel besser, wenn wir schon so früh aktiv werden, dass wir noch die emotionale Kraft haben, um den Veränderungsprozess durchzustehen. „Sich mit der Sünde ab-

6 Robert Frost, „Mending Wall", ed. Edward Conery Lathem, *The Poetry of Robert Frost* (New York: Holt, Rinchart and Winston, 1969).

finden" ist niemals der Weg Gottes. Dafür liebt er uns viel zu sehr.

Je früher wir Grenzen definieren und uns wehren können, wenn diese verletzt werden, umso besser. Wir können nicht den Segen einer intakten, liebevollen Beziehung erwarten, wenn wir nicht bereit sind, für unser eigenes Wohlergehen Verantwortung zu übernehmen.

Was ist mit Missbrauch?

Vielleicht beschäftigen Sie sich mit dem Gedanken an Trennung oder haben sich schon getrennt, weil Sie in Ihrer Ehe psychischen oder körperlichen Missbrauch, sexuelle Untreue, sexuellen Missbrauch von Kindern, Alkohol- oder Drogenmissbrauch oder eine andere Art von Fehlverhalten erlebt haben, das die Bibel klar verurteilt. Wenn das der Fall ist, rate ich Ihnen unbedingt, eng mit einem Seelsorger, Pfarrer oder Therapeuten zusammenzuarbeiten, um entscheiden zu können, wie es weitergehen soll. Die Tatsache, dass Sie sich von Ihrem Partner getrennt haben, war vielleicht eine bewusste Handlung aus Liebe oder einfach aus Selbstschutz. Was auch immer der Grund war: Holen Sie sich professionelle Hilfe und wenden Sie sich an einen Berater, der Erfahrung im Umgang mit gewalttätigen Partnern hat.

Während einer Trennung müssen Sie sich mit vielen Fragen beschäftigen. Bei Psychoterror oder sexuellem Missbrauch von Kindern müssen Sie sich fragen, ob sie es dem Partner, den Sie verlassen haben, erlauben können, Sie wieder zu Hause zu besuchen. Meiner Meinung nach nicht, es sei denn, dass eine Therapie durchgeführt wurde und der Therapeut einem solchen Besuch zugestimmt hat. Das Versprechen, dass sich alles ändern werde, reicht in einem solchen Fall nicht aus. Solche Versprechen wurden schon oft gemacht.

Doch eine wirkliche Veränderung kann erst nach einer umfassenden Therapiearbeit eintreten und wenn der Heilige Geist Veränderung schenkt. Denken Sie daran: Das Ziel ist die Versöhnung, nicht einfach nur die Wiederherstellung der früheren Situation. Wenn Sie wieder mit Ihrem Ehepartner zusammenkommen, ohne dass Sie sich mit den wahren Problemen ernsthaft auseinandergesetzt haben, wird Ihre Beziehung mit ziemlicher Sicherheit in einem Desaster enden.

Harte Liebe scheint vielleicht lieblos und unfreundlich, doch sie ist in manchen Fällen unausweichlich. Klare, aber freundliche Worte zeigen die wahre Zuneigung. Wir können uns mit einem Ehepartner, der den anderen oder gar die Kinder missbraucht hat, nicht aussöhnen, wenn er sich nicht grundsätzlich mit seinem Problem auseinandergesetzt hat. Wir sollten bereit sein, den langen Weg der Heilung in Angriff zu nehmen, doch den Missbrauch dürfen wir keinesfalls ignorieren. Es ist auf jeden Fall besser, jetzt aus Liebe klare Grenzen zu setzen als später. Später kann zu spät sein!

Übungen und Fragen, die weiterhelfen

1. Welches Verhalten trifft auf Ihren Ehepartner in Ihrer Ehe zu? (Setzen Sie seine Initialen ein.)

    ____ psychischer Missbrauch
    ____ zerstörende, verletzende Worte
    ____ sexueller Missbrauch von Kindern
    ____ sexuelle Untreue
    ____ Alkoholabhängigkeit
    ____ Drogenmissbrauch
    ____ anderes

2. Welches dieser Verhaltensmuster trifft auf Sie zu? (Setzen Sie Ihre eigenen Initialen ein.)

3. Welche Schritte haben Sie unternommen, um sich mit Ihrem eigenen zerstörerischen Verhalten auseinanderzusetzen?

4. Welche Schritte hat Ihr Ehepartner unternommen, um sich mit seinem zerstörerischen Verhalten auseinanderzusetzen?

5. Wenn einer von Ihnen in Ihrer Ehe ein solches Verhalten zeigt, kann wirkliche Aussöhnung nur dann stattfinden, wenn diese Verhaltensmuster aufgearbeitet und verändert werden. Das erfordert stets die professionelle Hilfe eines Therapeuten oder Seelsorgers. Wenn Sie noch nicht in Kontakt zu einer solchen Person getreten sind, sollten Sie sich umgehend um einen Kontakt bemühen und einen Beratungstermin vereinbaren. Formulieren Sie Ihren Standpunkt deutlich, sodass Ihr Ehepartner begreift, dass

eine Versöhnung ohne professionelle Hilfe nicht möglich ist. Sagen Sie ihm, das bloße Versprechen, es werde sich etwas verändern, reiche nicht aus. Wenn Ihr Ehepartner es ernst meint, wird er bereit sein, Hilfe in Anspruch zu nehmen.

6. Wenn Ihr Ehepartner nicht bereit ist, sich auf Beratung und Unterstützung einzulassen, sollten Sie für sich selbst professionelle Hilfe suchen, um Rat zu bekommen, wie Sie Ihrem Partner klare, liebevolle Grenzen setzen können.

Kapitel 7

Einsamkeit: „Der tiefste Graben“

Vor einigen Jahren sprach ich in unserer Gemeinde über die Rolle von erwachsenen Singles in Gottes Familie. Als ich einige Probleme beschrieb, mit denen sich Singles auseinandersetzen müssen, erwähnte ich auch den Schmerz der Einsamkeit. In der darauffolgenden Woche wurde ich von einer jungen Mutter angesprochen, die seit einiger Zeit von ihrem Mann getrennt lebte. „Ich glaube nicht, dass Sie eine Ahnung von dem haben, worüber Sie sich ausgelassen haben.“

Da hatte sie mich auf dem völlig falschen Fuß erwischt. „Wovon reden Sie?“, fragte ich.

„Ihre Predigt von letzter Woche über Einsamkeit – ich glaube, Sie haben keine Ahnung, was es heißt, wirklich einsam zu sein. Sie haben doch eine Frau, die Sie liebt. Wie können Sie auch nur erahnen, was Einsamkeit bedeutet?“

Ich musste zugeben, dass sie in gewisser Weise recht hatte. „Sie haben recht, den Schmerz, den Sie gerade erleben, kenne ich nicht“, gab ich zu. Wir können den Schmerz, den ein anderer Mensch durchleidet, niemals wirklich kennen. Wir können nur versuchen, anderen zuzuhören und sie zu verstehen.

Ich dachte an die Worte, die ich vor einigen Monaten aufgeschrieben hatte, als ich während eines Seminars für alleinstehende Hauptamtliche in Gemeinden drei Wochen von meiner Familie getrennt war: „Es ist lange her, dass ich eine solche Einsamkeit verspürt habe, wie ich sie heute Nachmittag und Abend erlebt habe. Dreitausend Meilen von meiner Familie und von meinen Freunden getrennt zu sein, gibt mir ein

Gefühl der Leere. Hier am College sind Hunderte Menschen, doch ich kenne nicht einen einzigen. Die Studenten scheinen sich alle untereinander zu kennen und fühlen sich hier wie zu Hause. Ich fühle mich nur sehr allein."

Doch der Schmerz, den ich an jenem Abend verspürte, die Einsamkeit inmitten vieler Menschen, von denen ich nicht einen einzigen kannte, war nichts im Vergleich zu der Einsamkeit, die diese junge Mutter durchlitt. Ich wusste, dass ich nach einer gewissen Zeit zu meiner geliebten Frau und meinen süßen Kindern nach Hause zurückkehren würde. Ich malte mir meine Rückkehr aus. Ich träumte davon. Doch diese junge Frau hatte keinen Traum, kein Ziel für ihre Sehnsucht.

Ein junger Mann sagte einmal zu seinem Pfarrer: „Ich habe zwei wirklich einsame Jahre erlebt. Ich meine nicht, dass ich allein war; ich meine einsam. Kennen Sie den Unterschied zwischen allein und einsam? Nein! Allein zu sein heißt, dass die geliebte Person gerade nicht vor Ort ist, doch Sie wissen, dass sie nach einiger Zeit zurückkommen wird. Einsam zu sein heißt, dass man keinen Menschen hat, der einen allein lassen kann.

Zuerst, als sie mich verlassen hatte, war ich allein. Das war, als ich noch glaubte, sie würde zurückkommen. Ich gebe ihr nicht die Schuld daran. Ich behaupte auch nicht, dass es nicht mein Fehler war. Ich trage einen Großteil der Schuld. Doch sie wird nie, niemals wieder zurückkommen. Nicht in tausend Jahren! Herr Pfarrer, Sie wissen nicht, was die Hölle ist. Und ich hoffe für Sie, dass Sie es niemals erfahren werden."

Die Einsamkeit in einer Ehe ist noch schwieriger auszuhalten, als wenn man als Single einsam ist. Denn die Hoffnungen und Erwartungen, die mit einem lebenslangen Versprechen verbunden sind, werden irgendwann unerträglich schwer, wenn sie niemals erfüllt werden.

Ganz egal, ob wir uns räumlich getrennt haben oder immer noch unter einem Dach leben, uns aber emotional voneinander entfernt haben, die Einsamkeit ist real. Viele wissen jedoch nicht, dass sie auch tödlich ist. James J. Lynch war Professor für Psychologie und wissenschaftlicher Direktor der Psychiatrie an der medizinischen Fakultät der Universität von Maryland. In einer umfangreichen Studie untersuchte er den Zusammenhang zwischen Einsamkeit und körperlichem Befinden. In einem Interview wurde Dr. Lynch gefragt, welchen Zusammenhang es zwischen Einsamkeit und Gesundheit gibt. Er antwortete: „Das ist so, als ob Sie fragen würden, wie der Zusammenhang zwischen der Luft und der Gesundheit ist. Wie die Luft, die wir einatmen, nehmen wir menschliche Gesellschaft als etwas Selbstverständliches hin – bis wir sie irgendwann nicht mehr haben. Es ist eine Tatsache, dass soziale Isolation, der plötzliche Verlust einer Liebesbeziehung und andauernde Einsamkeit entscheidende Indikatoren sind für Krankheit und frühzeitigen Tod. Einsamkeit stellt nicht nur unsere Gesellschaft auf eine Zerreißprobe, sondern auch unsere physische Gesundheit."[7]

Die Wissenschaftler Jack H. Medalie und Uri Gouldbourt führten an 10.000 verheirateten Männern im Alter von über 40 Jahren eine Studie durch, um Faktoren herauszufinden, die zu Angina Pectoris, einer Herzerkrankung, führen können. Die Studie wurde in Israel durchgeführt und begleitete die Männer über fünf Jahre lang. Es zeigte sich, dass die Männer, die in einer liebevollen, intakten Beziehung lebten, weniger Herzkrankheiten hatten als die Männer, die sich von ihren Frauen

7 James J. Lynch in an interview with Christopher Anderson, *People*, 22. August 1977, 30.

entfremdet hatten (52 von 1.000 zu 93 von 1.000)[8]. Eine intakte Ehe fördert also die Gesundheit. Einsamkeit in der Ehe ist dagegen gesundheitsschädlich.

Für getrennt lebende Ehepartner ist die Einsamkeit natürlich ein Thema, das mehr im Mittelpunkt steht. Eine Frau beschrieb ihre Einsamkeit einmal sehr anschaulich: „Einsamkeit ist vielleicht der tiefste Graben, der den Weg von getrennt lebenden Partnern zerstört. Nachdem ich einige Jahre verheiratet gewesen war, vermisste ich den Austausch über die vielen Kleinigkeiten des Alltags. Vor allem die Mahlzeiten waren sehr einsam und es schien sinnlos, nur für eine Person zu kochen. Natürlich haben Mütter ihre Kinder, für die sie kochen und mit denen sie sprechen können, doch trotzdem sehnen sie sich nach der Gesellschaft von Erwachsenen. Da ich selbst keine Kinder hatte, stürzte ich mich in verschiedene Aktivitäten, damit ich keine Zeit hatte, über die Leere in meinem Leben nachzudenken. In der Gemeinde oder auf einer Party fühlte ich mich oft isoliert, vor allem, wenn sich niemand zu mir setzte."

Robert S. Weiss, Soziologieprofessor an der Universität von Massachusetts, der als einer der ersten über Einsamkeit geforscht hat, hat zwei Arten definiert: emotionale und soziale Einsamkeit[9]. Obwohl sich die Symptome unterscheiden, ist die Ursache für beide Formen der Einsamkeit die gleiche: die Unfähigkeit, das Bedürfnis nach sinnvoller Beschäftigung zu erfüllen.

Emotionale Einsamkeit resultiert aus dem Bedürfnis einer engen Beziehung mit einem Partner oder einem besten Freund. Eine Person, die emotional vereinsamt ist, hat das Gefühl, dass es niemanden gibt, auf den sie sich absolut ver-

---

8 Maya Pines, „Psychological Hardness: The Role of Challenge in Health", *Psychology Today*, December 1980, 43.

9 Robert S. Weiss, *The Experience of Emotional and Social Isolation* (Cambridge: Massachusetts Institute of Technology, 1973), 54.

lassen kann. Symptome sind beispielsweise ein Gefühl der Anspannung, Anfälligkeit für mögliche Bedrohungen, Unruhe, Appetitlosigkeit, Schlafstörungen und eine unterschwellige, allgegenwärtige Angst.

In der sozialen Isolation erlebt ein Mensch eine Form der allgemeinen Ablehnung durch die Gesellschaft. Er hat dann das Gefühl, dass Entscheidendes immer woanders stattfindet. Häufig verschwimmen für sozial vereinsamte Menschen die Grenzen des Tages. Sie dösen mitten am Tag ein und sind nachts hellwach. Diese Einsamkeit trifft häufig auf Menschen zu, die in ihrem Leben keinen Sinn sehen. Sie haben das Gefühl, dass ihr Leben nichts Wichtiges beinhaltet.

Getrennt lebende Ehepartner verspüren häufig beide Arten der Einsamkeit. Das trifft vor allem dann zu, wenn einer der Partner kein soziales Netzwerk außerhalb der Ehe hat. Eine Frau, die ihren Beruf um der Kinder willen aufgegeben hat und seit vielen Jahren zu Hause geblieben ist, hat den Eindruck, dass sie nicht nur von ihrem Mann getrennt ist, sondern auch von dem Rest der Welt um sie herum.

Einsamkeit wird manchmal mit Depressionen verwechselt. Obwohl es natürlich möglich ist, dass einsame Menschen aus Enttäuschung darüber, dass sie ihre Einsamkeit nicht im Griff haben, depressiv werden, sind Einsamkeit und Depressionen zwei verschiedene Dinge: Wer depressiv ist, widersetzt sich der Veränderung, während die Einsamkeit den Druck, Dinge zu ändern, erhöht. Depressionen lähmen einen Menschen, während die Einsamkeit in eine Richtung drängt, die Hoffnung auf Besserung verspricht. Aus diesem Grund gehen einsame Menschen zu Single-Partys, auch wenn sie dabei kein gutes Gefühl haben. Wer an Depressionen leidet, bleibt lieber zu Hause und verfällt in alle möglichen Formen von Selbstmitleid.

Soziale Isolation – das Gefühl, von allem Wichtigen abgeschnitten zu sein – kann überwunden werden, wenn Sie eine besondere Berufung für sich entdecken. Unser Selbstwertgefühl hängt stark von dem ab, was unserem Leben Sinn verleiht. Wenn ich das Gefühl habe, dass mein Leben authentisch und positiv vor Gott und den Menschen ist, habe ich vermutlich keine großen Probleme mit sozialer Einsamkeit. Ich bin nicht länger ausgeschlossen, denn ich bin ein aktiver, wichtiger Teil dessen, was für mein Umfeld von Bedeutung ist.

Für manche Menschen heißt das vielleicht, dass sie noch einmal die Schulbank drücken, um der Erfüllung eines lang gehegten Traumes näherzukommen. Ich denke dabei an eine Frau, etwa Mitte dreißig, die sich nach ihrer Trennung an der technischen Hochschule einschrieb, ihren Universitätsabschluss nachholte, dabei ihre Begabung für Verwaltungsaufgaben entdeckte und sich nun als wichtige Mitarbeiterin in ihrer Gemeinde einbringt. Dieses Gefühl, zu einem Team zu gehören, das einen entscheidenden Einfluss auf die Gesellschaft ausübt, bringt die innere Heilung von sozialer Isolation.

Eine solche Weiterbildung kann auch Ihrem eigenen Selbstbewusstsein helfen. Wenn Sie erleben, dass Sie sich erfolgreich weiterqualifizieren können, ist das gut für Ihr Selbstwertgefühl und Sie können vielleicht eine Vision entwickeln, wie Gott sich Ihre Zukunft vorstellt. Ohne Zweifel schlummern in Ihnen viele unentdeckte Fähigkeiten und Talente. Womöglich ist gerade jetzt die beste Zeit, sie ans Tageslicht zu befördern.

Eine solche Weiterentwicklung Ihrer Persönlichkeit und Ihrer Berufung kann auch ein entscheidender Meilenstein in der Versöhnung mit Ihrem Ehepartner sein. Wenn Ihr Partner bemerkt, dass Sie die Gelegenheit zu einer Weiterentwicklung nutzen, anstatt völlig im Schmerz zu versinken, sieht er möglicherweise neue Hoffnung, dass sich auch Ihre Ehe weiterentwickeln kann. Ihr Partner beobachtet, dass Sie eine reifere und charakterstarke Persönlichkeit werden. Eine solch positive Entwicklung kann wie eine belebende, neue Hoffnung sein. Allerdings dürfen Sie nicht davon ausgehen, dass Ihr Ehepartner aufgrund Ihrer positiven Veränderung automatisch zurückkehrt. Aber Sie können so gegen Ihre soziale Einsamkeit vorgehen.

Manche Mütter haben allerdings das Gefühl, dass eine solche Weiterentwicklung unmöglich oder nicht erstrebenswert ist. Durch ihre Kinder fühlen sie sich eingegrenzt und eingeschränkt. Deshalb möchte ich an dieser Stelle daran erinnern, dass Kinder ein Geschenk Gottes sind (Psalm 127,3). Auch bei einer Trennung sind sie weiterhin ein Segen Gottes. Im Vergleich zu anderen wird Ihnen viel Einsamkeit erspart bleiben, weil Sie die Beziehung zu Ihren Kindern haben. Wenn es um wichtige Aufgaben und Berufungen im Leben geht, ist nichts so wichtig und lohnend wie die Erziehung von Kindern. Bei vielen anderen Fähigkeiten geht es um „Dinge“, doch Sie arbeiten mit Menschen. Ihr „Produkt“ ist für die Ewigkeit gedacht; das der anderen nur für dieses Leben. Der Satz stimmt immer noch: „Die Hand, die die Wiege schaukelt, beherrscht die Welt.“ Beklagen Sie nicht Ihre Situation, wenn Sie nicht berufstätig sein können. Danken Sie Gott für Ihre Situation und versuchen Sie, das Beste daraus zu machen.

Andererseits sind viele Mütter, die eigentlich lieber zu Hause bleiben möchten, durch eine Trennung gezwungen, sich einen Job zu suchen. Vielleicht kann oder will der Ehepartner die Familie nicht ausreichend unterstützen, sodass die Ehefrau gezwungen ist, Geld zu verdienen. Wenn Sie unter diesem Druck stehen, dann sehen Sie es als Gelegenheit und nicht als Beeinträchtigung. Bitten Sie Gott darum, dass er Ihnen die nötige körperliche und emotionale Kraft schenkt. Beten Sie um die Weisheit Salomos, wenn es um Kindererziehung geht, und gehen Sie in dem Bewusstsein aus dem Haus, dass Sie eine Frau Gottes sind. Soziale Isolation wird vermutlich nicht Ihr Problem sein.

Für diejenigen, die weder arbeiten gehen noch die Gelegenheit zu einer Weiterbildung haben, bestehen viele Möglichkeiten, sich in wichtigen Projekten einzubringen. Soziale Organisationen freuen sich immer über Ehrenamtliche, die bereit sind, ihre Zeit und Kraft einzubringen. Christliche Gruppen, z. B. Frauenfrühstücksgruppen oder Männerkreise, helfen gerne dabei, wenn Sie Ihre Fähigkeiten in wichtige Aufgaben investieren wollen. Sie müssen nicht außen auf der Zuschauertribüne bleiben – Sie dürfen zur Mannschaft gehören! Wenn Sie Ihr Leben sinnvoll einsetzen, dann erfahren Sie ein Gefühl der Zufriedenheit.

Aus dem Kokon schlüpfen

Die endgültige Antwort auf emotionale Einsamkeit, auf das Fehlen einer engen Beziehung zu einem anderen Menschen, besteht darin, sich herauszuwagen und eine gute Beziehung zu sich selbst, zu Gott und zu anderen Menschen aufzubauen. Darüber haben wir schon gesprochen, aber ich möchte an dieser Stelle noch einmal betonen, dass Sie die Fähigkeit haben, sich selbst der beste Freund zu werden. Mit sich selbst verbringen Sie mehr Zeit als mit anderen Menschen. Warum gestalten Sie die Zeit nicht angenehmer? Lernen Sie es, sich selbst zu mögen, und schaffen Sie eine Atmosphäre, in der Sie das Leben genießen können. Wegen all dem, was geschehen ist, müssen Sie sich nicht selbst zerstören. Sie haben vielleicht Fehler gemacht; dann geben Sie sie zu und anschließend gehen Sie los und machen etwas, das Ihnen hilft, mit sich selbst zufrieden zu sein.

Eine Gemeinde kann eine große Hilfe sein, wenn Sie gute

Beziehungen zu Gott und zu anderen Menschen aufbauen wollen. Es ist jedes Mal eine Freude zu beobachten, was geschieht, wenn ein einsamer Mensch unsere Gemeinde besucht. In der Predigt wird von Hoffnung gesprochen – Hoffnung, von der er seit Wochen nicht mehr gehört hat. In den Kleingruppen begegnet er Menschen, die diese Hoffnung für ihr persönliches Leben entdeckt haben. Er lernt Menschen kennen, die nicht perfekt sind, die sich ihm aber in Liebe zuwenden. Woche für Woche, nach und nach lernt es dieser einsame Mensch, auf Gott zuzugehen und sich nach den Händen der Hoffnung auszustrecken. Er lernt es, mit Gott zu sprechen und auf seine Antworten zu hören. Er lernt es, sich anderen Menschen mitzuteilen, die aufrichtig mitfühlen. Allmählich schwindet die Einsamkeit und der einstmals zurückgewiesene einsame Mensch kann sich in seiner ganzen Schönheit entfalten, wie eine Rose. Es gibt wenig, was uns Mitarbeiter in der Gemeinde so sehr berührt wie eine solche Entwicklung.

Klingt das zu einfach? Zu „religiös"? Ich versichere Ihnen, dass es weder einfach noch überirdisch ist. Am Anfang nehmen Sie ein großes Risiko auf sich. Sie müssen den Schutz Ihres Kokons verlassen. Ja, Sie können das Fliegen lernen, doch der Kokon wird dabei zerstört. Sie können von Ihrer Einsamkeit frei werden, doch dazu müssen Sie Ihren Schutzraum verlassen.

Leider werden Sie nicht in allen Gemeinden die Zuwendung finden, die Sie suchen. Manche Gemeinden sind statt einem Leuchtturm für sinkende Schiffe leider eine eingeschworene Gemeinschaft geworden, wo nur denen geholfen wird, die ihren Pflichten nachkommen. Aber geben Sie nicht auf! Jesus verspricht uns: „Bittet Gott, und er wird euch geben! Sucht, und ihr werdet finden! Klopft an, und euch wird die Tür geöffnet!" (Matthäus 7,7). Ihre Suche wird nicht vergeblich sein.

Eine Warnung noch, bevor Sie sich auf den Weg machen:

Suchen Sie geschwisterliche Zuneigung in der Gemeinde, nicht einen neuen Ehepartner. Denken Sie daran, dass es nach wie vor Ihr Ziel ist, sich mit Ihrem Ehepartner zu versöhnen. Auf diesem Weg sollten Sie sich alle Möglichkeiten offenhalten. Natürlich brauchen Sie auch die Zuneigung und Unterstützung von anderen Menschen. Und erwarten Sie von denjenigen, die Sie in einer Gemeinde treffen, keine Perfektion. Vielleicht treffen Sie sogar auf Menschen, die Sie ausnutzen wollen. Die Menschen, die eine Kirche betreten, werden nicht an der Tür auf ihre Charaktereignung überprüft. Jesus selbst gebrauchte das Bespiel vom Weizen unter dem Unkraut. Beides wächst bis zur Ernte auf demselben Feld (Matthäus 13,24-30).

Von allen sozialen und karitativen Organisationen unserer Gesellschaft ist keine besser dafür ausgerüstet, die Nöte der Einsamen zu erkennen und zu lindern, als die Kirche. Die Kirche bietet nicht nur soziale Unterstützung, sondern auch geistliche Unterstützung. Eng mit Gott verbunden zu sein und einen guten Kontakt zu seinen Geschöpfen zu haben, ist die beste Medizin gegen die Einsamkeit.

Erlauben Sie mir, für einen Moment abzuschweifen und ein paar Worte an uns Gemeindemitglieder zu richten. Es ist eine große Herausforderung, in unseren Gemeinden eine solche Atmosphäre zu schaffen, wie ich sie oben beschrieben habe. Es ist unendlich tragisch, wenn leidende Menschen in unsere Gottesdienste kommen und ohne ein heilsames Wort wieder gehen. Eine ältere Frau beschrieb es so: „Ich sitze in einer Kirchenbank neben einem lebendigen Körper, doch ich spüre keine Wärme. Ich teile den gleichen Glauben, doch niemand wendet sich mir in Liebe zu. Ich singe die gleichen Lieder wie der Gottesdienstbesucher neben mir, doch ich höre nur meine eigene Stimme. Wenn der Gottesdienst vorüber ist, gehe ich so, wie ich gekommen bin – voller Sehnsucht nach der Berührung durch einen anderen Menschen, einem Menschen, der mir sagt, dass ich ihm etwas bedeute. Vielleicht täte es schon ein Lächeln, oder eine Geste oder ein Zeichen, dass ich kein Außenseiter bin."

Paul Tournier formulierte folgendermaßen:

Trotz allem ist es die Kirche allein, die den enormen Durst der heutigen Welt nach Gemeinschaft am besten beantworten kann. Christus sandte seine Jünger zu zweit aus. Die Christen der ersten Gemeinde „waren ein Herz und eine Seele; was sie besaßen, gehörte ihnen gemeinsam" (Apostelgeschichte 4,32; 2,44). Anstatt der Welt zu demonstrieren, wie Nachfolge aussehen kann, scheint die Kirche jedoch vielmehr den Siegeszug des Individualismus zu verkörpern. Die Gläubigen sitzen nebeneinander, ohne einander zu kennen; die Gemeindeältesten versammeln sich in einer Art Parlament, um den Feierlichkeiten und Formalitäten Genüge zu tun; die Pfarrer und Pastoren erledigen ihre Arbeit, ohne sich füreinander zu interessieren.[10]

Wir sollten erst dann zufrieden sein, wenn unsere Gemeinde, in der wir mitarbeiten, den Auftrag des Herrn erfüllt, der sagte: „Kommt alle her zu mir, die ihr euch abmüht und unter eurer Last leidet! Ich werde euch Ruhe geben" (Matthäus 11,28).

Egal, ob Sie in der Gemeinde, auf der Straße oder im Supermarkt anderen Menschen begegnen – Sie selbst sollten die Initiative ergreifen, wenn Sie Kontakte knüpfen wollen. Emotionale Isolation wird nicht von allein im Laufe der Zeit besser. Sie brauchen die Gemeinschaft mit anderen und Sie sollten selbst aktiv werden, wenn Sie Beziehungen aufbauen wollen.

Vielleicht wird niemand von sich aus auf Sie zukommen, doch wenn Sie selbst Interesse an anderen zeigen und das Gespräch mit ihnen suchen, werden sich auf einmal auch andere für Sie interessieren. Wenn Sie sich um das Wohlergehen

---

10 Paul Tournier, *Escape from Loneliness* (Philadelphia: Westminster, 1976), 23.

von anderen sorgen, wird diese Sorge zu Ihnen zurückkehren. Wenn Sie mitfühlende Beziehungen aufbauen, wird Ihre emotionale Einsamkeit verschwinden.

An dieser Stelle noch eine Bemerkung über soziale Medien: Zweifellos ist das ebenfalls eine Möglichkeit, Menschen kennenzulernen, doch es ist nicht ungefährlich. Auch wenn Sie mit Familie und Freunden über soziale Medien kommunizieren können, ist eine persönliche Beziehung von Angesicht zu Angesicht noch immer sicherer und besser.

Die Einsamkeit dauert in der Regel nicht ewig. Vielleicht haben Sie das Gefühl, Sie seien in einer hoffnungslosen Situation gefangen: Sie leben getrennt, sind aber nicht geschieden. Sie können verletzt werden, aber nicht erneut heiraten. Einsam und allein. Aber genau wie eine Trennung eine vorübergehende Situation ist, ist auch die Einsamkeit nur eine Durchgangsstation, ein Flur, kein Wohnzimmer. An dem einen Ende des Flures leben Depression, Lähmung, Schmerz und Dunkelheit, doch am anderen Ende wohnen Leben, Liebe und Sinnhaftigkeit. Sie stehen mitten im Flur. Vielleicht liegen Sie auch weinend am Boden. Doch irgendwann werden Sie sich wieder aufrappeln.

Wenn Sie das tun, dann hoffe ich sehr, dass Sie in Richtung der Hoffnungstür gehen. Genau hinter dieser Tür warten Menschen auf Sie, die Sie lieben, die Sie akzeptieren, wie Sie sind, und die Ihnen helfen wollen, so zu werden, wie Sie gedacht sind. Die Einsamkeit dauert nicht ewig!

Übungen und Fragen, die weiterhelfen

1. Klären Sie Ihre Situation, was soziale Isolation betrifft, indem Sie die folgenden Fragen beantworten:
   - Fühlen Sie sich abgeschnitten und getrennt von den Dingen, die im Leben wichtig sind?
   - Beobachten Sie, wie andere Menschen sinnvolle Ziele für ihr Leben in Angriff nehmen, während Sie tatenlos danebenstehen?
   - Wenn Sie irgendetwas in Ihrem Leben erreichen könnten – was würde das sein?
   - Ist dieses Ziel realistisch für Sie? Wenn nein, was wäre ein realistisches Ziel?
   - Was wäre der erste Schritt, wenn Sie dieses Ziel erreichen wollten?
   - Wie könnte dieser Schritt die Beziehung zu Ihrem Ehepartner beeinflussen?
   - Was würde dieser Schritt für Sie selber bedeuten?
   - Warum gehen Sie nicht diesen Schritt und bitten Gott darum, dass er Sie auf dem besten Weg leitet?

2. Klären Sie Ihre Situation bezüglich emotionaler Isolation, indem Sie die folgenden Fragen beantworten:
   - Fühlen Sie sich emotional vereinsamt? Gibt es niemanden, mit dem Sie offen und ehrlich über Ihre tiefsten Gefühle sprechen können?
   - Welche Gelegenheit und welche Freiheit haben Sie, um mit Ihrem Ehepartner über Ihre Gefühle zu sprechen?
   - Gibt es einen Freund/eine Freundin, mit dem/der Sie offen reden können, ohne dass Sie Angst haben, zurückgewiesen zu werden? Wenn ja – haben Sie mit diesem Freund/dieser Freundin über Ihre momen-

tane Situation gesprochen? Warum tun Sie es nicht gleich heute?

- Haben Sie den Wunsch, neue Freundschaften zu knüpfen? Wo in Ihrem Umfeld könnten Sie neue Freunde finden?
- Gehören Sie momentan zu einer christlichen Gemeinde? Wenn nicht – was hält Sie davon ab, sich sofort irgendwo anzuschließen?

3. Wenn Sie gerade unter Einsamkeit leiden und Sie bisher mit niemandem darüber sprechen konnten, vereinbaren Sie einen Termin mit einem Seelsorger oder Therapeuten, der Ihnen helfen kann, Ihre Situation besser einzuschätzen.

Kapitel 8

„Ich bin so wütend!“

„Ich bin so wütend, wenn ich an ihn denke. Wenn ich an all das denke, was er mir angetan hat, dann hasse ich ihn. Ich explodiere, wenn ich daran denke. Ich weiß, dass es nicht richtig ist, aber ich kann einfach nicht anders.“ Der Zorn dieser Frau, die in Trennung lebt, ist fast greifbar.

„Als ich den Typ sah, mit dem sie jetzt befreundet ist“, erinnert sich ein Mann während seines Scheidungsprozesses, „war meine erste Reaktion: Ich würde sie am liebsten beide umbringen.“

„Bevor sich meine Freundin scheiden ließ, verachtete sie ihren Mann so sehr, dass sie ihn nicht ansehen konnte, und auch er konnte sie nicht mehr anschauen. Sie sprachen nicht mehr miteinander. Sie hatten keinerlei Beziehung mehr. Sie waren einfach nur noch wütend“, erzählt eine junge Frau.

Wenn wir den Punkt erreicht haben, an dem es um eine tiefe Ehekrise oder sogar eine Trennung geht, dann verspürt normalerweise einer der Ehepartner keine Liebe mehr für den anderen. Wir wurden verletzt. Wir wurden betrogen. Dafür ist unser Ehepartner verantwortlich und deshalb richten sich unsere Aggressionen und unsere Wut direkt auf ihn. Wir wollen am liebsten zurückschlagen und ihm genauso wehtun, wie er uns wehgetan hat.

Normalerweise verspüren beide Ehepartner mehr oder weniger Zorn, da in ihren Augen der jeweils andere für ihren Schmerz verantwortlich ist. Wut und Zorn sind eine normale Reaktion, doch sie können zerstörerisch sein. Vielleicht erreicht der Zorn das Ziel, auf das er sich richtet, und zerstört es – doch viel häufiger zerstören Wut und Zorn denjenigen, von dem sie ausgehen. Wenn der Zorn in einer bedachten, konstruktiven Art geäußert wird, kann er eine Veränderung bewirken; doch wenn er unkontrolliert aufflammt, ist er verheerend und zerstörerisch. Zorn, der unterdrückt wird, ist tödlich wie ein bösartiges Krebsgeschwür, das langsam das Leben zerstört.

Ein unkontrollierter Wutanfall ist wie eine Explosion, die alles in einem bestimmten Umkreis hinwegfegt. Schimpfen und rasen, schreien und brüllen, auf und ab springen und um sich treten erfüllt keinen sinnvollen Zweck. Ein solcher Ausbruch von Zorn ist wie ein emotionaler Herzinfarkt und kann möglicherweise dauerhaften Schaden anrichten – beispielsweise bei Kindern.

Viele von uns kennen die Worte von Paulus aus Epheser 4,26-27: „Wenn ihr zornig seid, dann ladet nicht Schuld auf euch, indem ihr unversöhnlich bleibt. Lasst die Sonne nicht untergehen, ohne dass ihr einander vergeben habt. Gebt dem Teufel keine Gelegenheit, Unfrieden zu stiften." Fällt Ihnen etwas auf? Paulus sagt nicht: „Werdet nicht zornig!" Das wäre unrealistisch. Wir alle verspüren Zorn, wenn wir schlecht behandelt werden. Vielmehr sagt Paulus: „Ladet nicht Schuld auf euch" – in der Luther-Übersetzung lautet Vers 26: „Zürnt ihr, so sündigt nicht." Lassen Sie sich von Ihren Gefühlen des Zorns und der Wut nicht so beherrschen, dass Sie etwas Verletzendes sagen und somit sündigen. Die Aussage von Paulus lautet, dass wir für unser Tun verantwortlich sind, *auch wenn* wir zornig sind.

Der Zorn und die Wut machen uns sehr anfällig für falsches Verhalten. Wenn wir einfach das tun, was uns als Erstes einfällt, dann schlagen wir die Person oder das Objekt, auf die sich unsere Wut richtet. Totschlag im häuslichen Umfeld geschieht häufig in einer Atmosphäre des Zorns oder wenn

Alkohol mit im Spiel ist. Und manchmal kommt beides zusammen. Die Spannung eskaliert und das Ergebnis ist eine Tragödie.

Ich habe schon gehört, wie Ehemänner, die ihre Frauen misshandelt hatten, unter Tränen ihre Tat bitter bereuten. „Ich wollte das nicht tun. Ich wollte das wirklich nicht tun." Ehefrauen und -männer, die sich mit scharfen Worten angreifen, sagen hinterher häufig: „Die Worte, die ich gesagt habe, bereue ich zutiefst. Ich wünschte, ich könnte sie ungesagt machen. Ich habe wirklich nicht gemeint, was ich gesagt habe."

Die richtige Art von Zorn

Wie können wir also Verantwortung für unser Handeln übernehmen, selbst wenn wir zornig sind? Die Herausforderung besteht darin, dass wir uns *von unseren Gefühlen des Zorns und der Wut nicht beherrschen lassen*. Bekennen Sie Ihren Zorn vor sich selbst, vor Gott, vor einem Freund oder einem Seelsorger und vor Ihrem Ehepartner, aber lassen Sie sich von diesem Gefühl nicht beherrschen. Wenn Sie über Ihre Wut und Ihren Zorn mit einer anderen Person sprechen, dann weisen Sie dadurch Ihre negativen Gefühle in ihre Schranken und Sie sind eher in der Lage, konstruktiv damit umzugehen.

Paulus ermahnt uns, den Zorn nicht als Dauergast bei uns wohnen zu lassen. Vielleicht spielt der Zorn für einen kurzen Moment eine wichtige Rolle, doch Sie dürfen ihm nicht erlauben, die Hauptrolle in Ihrem persönlichen Drama zu übernehmen.

Wenn Sie Ihren Zorn in den Griff bekommen wollen, dann sollten Sie ihn bekennen. Ihn zu unterdrücken hilft dagegen gar nicht. Wenn Sie Ihren Zorn hinunterschlucken und sich einreden, Sie seien überhaupt nicht zornig, bereiten Sie gerade die Bühne vor für einen Vulkanausbruch von gigantischen Ausmaßen.

Sie infizieren Ihre Seele mit Verbitterung, die nichts anderes ist als unterdrückter Zorn. Die Verbitterung ist eine Art von Zorn, der so lange geleugnet wurde, dass sich seine Gedanken und Gefühle verfestigen konnten. Ihre Gedanken werden gefangen genommen und kreisen nur noch um die Frage, wie Sie Ihren Ehepartner am besten verletzen können. Sie befördern alte Kamellen wieder und wieder ans Tageslicht. Jedes Mal verspüren Sie den Schmerz, die Verletzung, den Zorn, als ob es gerade erst geschehen wäre. Wieder und wieder stellen Sie die gleichen Fragen und erhalten die gleichen Antworten. Das Tonband läuft in Dauerschleife in Ihrem Kopf, bis es alle anderen Gedanken übertönt. Der Zorn ist zur Verbitterung geworden und in Ihnen brodelt jetzt bösartiger Hass. Sie behaupten, Ihr Ehepartner hätte Ihr Leben unerträglich gemacht, doch in Wirklichkeit sind Sie derjenige, der den Zorn hereingebeten hat. Niemand kann sich dem Gefühl von Zorn hingeben, ohne dabei von Verbitterung und Hass erfüllt zu werden.

Wenn Ihr Zorn schon zu Verbitterung geworden ist, rate ich Ihnen, die Hilfe eines Seelsorgers oder Therapeuten in Anspruch zu nehmen, um das Übel an der Wurzel zu packen und Gottes heilende Vergebung zu erleben. Ja, Sie haben das Recht, zornig zu sein, aber Sie haben nicht das Recht, sich selbst, ein von Gott geliebtes Geschöpf, zu zerstören. Die aufkommenden Gefühle von Zorn können Sie nicht unbedingt vermeiden, doch Verbitterung resultiert daraus, wenn Sie dem Zorn täglich erlauben, es sich in Ihrem Herzen gemütlich zu machen. Deshalb lesen wir: „Mit Bitterkeit, Jähzorn und Wut sollt ihr nichts mehr zu tun haben. Schreit einander nicht an, redet nicht schlecht über andere, und vermeidet jede Feindseligkeit“ (Epheser 4,31). Wir müssen Verbitterung als eine Sünde bekennen und Gottes Vergebung in Anspruch nehmen.

Allerdings sollten wir berücksichtigen, dass ein einmaliges Bekenntnis Ihrer Verbitterung nicht sofort alle feindseligen

Gefühle beseitigt. Wenn Ihr Herz schon lange Zeit bitter ist, werden die negativen Gefühle nur sehr langsam absterben. Bekennen Sie sie vor Gott und sagen Sie ihm, dass Sie bereit sind zu vergeben. Sie könnten Ihr Gebet folgendermaßen formulieren: „Vater, du kennst meine Gedanken und Gefühle, aber ich danke dir, dass ich mit deiner Hilfe dazu in der Lage bin, mich nicht länger auf die Fehler meines Ehepartners zu konzentrieren. Bitte hilf mir, wenn ich jetzt als dein Liebesbotschafter leben will." Sie dürfen Ihre Wut nicht beherbergen. Wenn Sie Liebe leben, werden die zornigen, verbitterten Gedanken und Gefühle nach und nach verschwinden.

Wenn wir von unserer Verbitterung frei geworden sind, stehen wir vor der nächsten Herausforderung: „Seid vielmehr freundlich und barmherzig, und vergebt einander, so wie Gott euch durch Jesus Christus vergeben hat. Ihr seid Gottes geliebte Kinder, daher sollt ihr in allem seinem Vorbild folgen" (Epheser 4,32-5,1). Wir dürfen nicht aufhören, wenn wir unsere Verbitterung bekannt und Gottes Vergebung angenommen haben. Wir sollen auch unseren Zorn und unsere Ehepartner Gott übergeben und ihn darum bitten, uns mit Liebe anstelle von Hass zu erfüllen. Gott kümmert sich nicht nur darum, dass wir von unseren Gefühlen von Zorn befreit werden, sondern er möchte, dass wir Botschafter seiner Liebe und Freundlichkeit werden, so wie wir es in den vorigen Kapiteln bereits angesprochen haben.

Das ist die wunderbare Botschaft der Bibel: Gott will nicht, dass wir Sklaven unserer negativen Gefühle sind. Vielmehr wünscht er sich eine Beziehung voller Liebe zu uns, damit seine Liebe in unsere Beziehung zu anderen Menschen überschwappt. Der Zorn konzentriert sich auf Probleme und Konflikte in unseren Beziehungen. Wir sollten uns darum bemühen, diese Konflikte zu lösen. Doch wenn unser Ehepartner nicht bereit ist, mit uns an diesen Problemen zu arbeiten, dürfen wir nicht zu Opfern des Zorns werden. Wir können dem Zorn gestatten, kurz in unserem Leben vorbeizuschauen, doch wir dürfen ihm nicht erlauben, sich dauerhaft bei uns einzunisten.

Die Gefahr der Vergeltung

Unkontrollierte Verbitterung verhätschelt und pflegt Rachegelüste. Wenn wir zu dem Rachegott rufen, widersetzen wir uns den klaren Anweisungen der Bibel. Paulus schreibt: „Vergeltet niemals Unrecht mit neuem Unrecht. [...] Überlasst vielmehr Gott das Urteil" (Römer 12,17+19). Möglicherweise sind Sie von Ihrem Ehepartner zutiefst verletzt und betrogen worden, doch es ist nicht Ihre Verantwortung, ihn für seine Sünde zu strafen. Ihr Ehepartner muss Gott mit dieser Sünde gegenübertreten – und Gott ist ein gerechter Richter.

Wieder zitiere ich Paulus, diesmal aus dem 1. Thessalonicher-Brief: „Keiner von euch soll Böses mit Bösem vergelten; bemüht euch vielmehr darum, einander wie auch allen anderen Menschen Gutes zu tun" (1. Thessalonicher 5,15). Ihr Fokus sollte sich auf das richten, was gut für Ihren Ehepartner ist, nicht auf Vergeltung. Das Beste für Ihren Ehepartner zu suchen heißt aber nicht, seine Fehler zu übersehen. Wie wir bereits besprochen haben, ist es kein liebevolles Verhalten von Ihnen, Ihren Ehepartner in einem verantwortungslosen, sündigen Lebensstil zu unterstützen. Sie sollten das Beste für Ihren Ehepartner suchen, nicht mit wütenden Drohungen, sondern mit sorgfältig überlegten Ratschlägen.

Zorn und Verbitterung zeigen sich häufig in zerstörerischen verbalen Explosionen. Doch verbale Schläge verfolgen kein konstruktives Ziel. Es ist viel besser, offen zuzugeben, dass wir zornig sind und deshalb über ein bestimmtes Thema nicht sachlich diskutieren können. Wir sollten daher abwarten, bis wir mit unseren Gefühlen besser umgehen können. Natürlich müssen die verschiedenen Themen angesprochen werden; Konflikte müssen gelöst werden; doch in der Hitze des Gefechts werden wir keine Lösungen finden.

Verurteilen Sie sich nicht selbst für Ihren Zorn. Dieses Gefühl zeigt Ihnen lediglich, dass Sie ein Angehöriger der menschlichen Rasse sind. Sie haben die Fähigkeit, tiefe Gefühle für ein Thema zu entwickeln, das Ihnen am Herzen liegt. Großartig! Lassen Sie sich von diesem Gefühl zu etwas Konstruktivem führen. Lassen Sie sich nicht von Ihrem Zorn versklaven, sodass Sie etwas tun oder sagen, was die Situation verschlimmert. Bekennen Sie Ihren Zorn vor Gott und einem Freund und bitten Sie beide um Hilfe, kreativ und positiv mit der Situation umzugehen.

Übungen und Fragen, die weiterhelfen

1. Formulieren Sie Ihren Zorn schriftlich. Bitten Sie Gott, Sie zu leiten, wenn Sie Ihren Zorn mit Worten ausdrücken. Sie können so beginnen: „Ich bin zornig, weil …"

2. Überlegen Sie, welcher Freund/welche Freundin einen objektiven Blick auf die Punkte haben könnte, die Sie notiert haben. Bitten Sie ihn/sie, Ihnen zuzuhören, wenn Sie Ihre Liste vorlesen, und Ihnen dann dabei zu helfen, einen guten Weg zu finden, mit diesen Themen umzugehen.

3. Haben Sie das Gefühl, dass Sie Ihrem Zorn schon erlaubt haben, sich als Verbitterung niederzulassen? Wenn ja, dann seien Sie bereit, diese Sünde zu bekennen und Gottes Vergebung anzunehmen.

4. Wenn Sie bisher Christus noch nicht in Ihr Leben eingeladen haben, nutzen Sie diese Gelegenheit, wenn Sie Ihre Sünden bekennen, und geben Sie ihm Ihr Leben, damit er Ihnen die Kraft schenkt, mit Ihren Problemen fertig zu werden.

Kapitel 9

Neuanfang

Es kommt vor, dass ein Ehepartner zu dem anderen sagt: „Ich will, dass du glücklich bist. Wenn ein Schlussstrich unter unsere Ehe dich glücklich macht, dann geh. Es verletzt mich, aber ich möchte nur dein Glück." Oberflächlich erscheint eine solche Einstellung sehr liebevoll und selbstaufopferungsbereit, doch in Wirklichkeit ist sie das nicht. Die Liebe sucht nach dem Besten für den anderen.

Es scheint manchmal einfacher, sich zu trennen und das eigene Glück zu opfern, als daran zu arbeiten, Unterschiede zu überwinden und die Liebe wiederzufinden. Es kann schwerer sein, zusammenzubleiben als sich zu trennen, besonders wenn keine Gefühle der Liebe mehr vorhanden sind. Gottes Weg mit uns ist nicht immer einfach, aber er ist richtig. Ich kann Ihnen versprechen, dass der richtige Weg Sie zu beidem führt: zu Glück und zur Liebe nach dem Schmerz der Versöhnung.

Die Entscheidung, zu Ihrem Ehepartner zurückzukehren und sich um Versöhnung zu bemühen, ist ein Glaubensschritt. Doch es ist kein blinder Glaube. Es ist ein Glaube, der sich auf Gottes Rat gründet. Sie werden nicht im Voraus sehen, wie tiefe Gefühle der Liebe wieder erwachen. Sie können nicht erkennen, wie sich die Probleme lösen werden. Sie können die Intimität Ihrer Ehe nicht im Voraus wieder verspüren. Sie sollten trotzdem den ersten Schritt gehen – im Glauben, nicht im Wissen. Sie sollten den Weg an Gottes Seite gehen, Ihre Hand in seiner Hand, und dabei seiner Güte vertrauen. Das, was Sie sehen, können Sie nur mit den Augen des Glaubens erkennen.

Versöhnung erfordert eine Entscheidung. Es ist die Entscheidung gegen eine dauerhafte Trennung und gegen die Auflösung Ihrer Ehe. Es ist die Entscheidung, Ihr Eheversprechen zu erneuern und daran zu arbeiten, die Einheit und Erfüllung wiederzufinden, die Gott im Blick hatte, als er die Ehe schuf. Es ist nicht die Entscheidung, zu der Art von Beziehung zurückzukehren, die Sie hatten, als Sie sich trennten, sondern gemeinsam daran zu arbeiten, dass Sie eine tiefere, innigere Beziehung finden.

Die Entscheidung zur Versöhnung ist heutzutage nicht besonders beliebt. Tausende Stimmen werden versuchen, Sie zu dem Glück zu locken, das Sie angeblich finden werden, wenn Sie von Ihrem Ehepartner „frei“ sind. Andere wollen Sie zu Sex ohne Verpflichtungen verführen. Sie stehen am Scheideweg. Die Entscheidung liegt bei Ihnen.

Um noch einmal den Dichter Robert Frost zu zitieren: Versöhnung ist eindeutig der Weg, „der nicht oft bereist wird“[11], doch Versöhnung ist der entscheidende Unterschied.

Der Weg zurück

Mal angenommen, Sie haben sich für den Weg der Versöhnung entschieden – oder Sie haben sich versprochen, Ihrer Ehe noch einmal eine Chance zu geben. Lassen Sie uns gemeinsam den Weg gehen, „der nicht oft bereist wird“. Als Erstes: Warum erzählen Sie nicht Gott von Ihrer Entscheidung, bevor Sie weitergehen? Natürlich kennt er Ihr Herz und weiß deshalb auch um Ihre Entscheidung, doch Gott ist ein persönlicher Gott und liebt es, Ihre Stimme zu hören. Es mag Ihnen komisch vorkommen, laut zu beten, wenn Sie das bisher nicht

11 Robert Frost, „The Road Not Taken“, ed. Edward Conery Lathem, *The Poetry of Robert Frost* (New York: Holt, Rinehart and Winston, 1969).

getan haben, aber trauen Sie sich. Sagen Sie ihm, wie Sie sich fühlen, wo Sie gewesen sind, was Sie getan haben. Bekennen Sie Ihre Fehler und bitten Sie um Vergebung. Erzählen Sie ihm von Ihrer Entscheidung, dass Sie sich mit Ihrem Ehepartner aussöhnen wollen, und bitten Sie ihn um seine Hilfe. (Denken Sie daran: Gott wird Ihren Ehepartner nicht zwingen, auch nach Versöhnung zu suchen, doch er wird Sie fähig machen, geduldig und liebevoll zu sein.) Bitten Sie ihn darum, dass er Sie zu dem Menschen macht, der Sie werden sollten. Beten Sie für Gottes Führung auf dem Weg der Versöhnung.

Wenn Sie Vergebung und die Hilfe Gottes erfahren haben, ermutigen Sie nun Ihren Ehepartner, Sie bei der harten Arbeit am Neuanfang Ihrer Ehe zu unterstützen. Vielleicht laden Sie Ihren Ehepartner zum Essen ein, zu Hause oder in einem Restaurant. Wenn die Reaktion auf Ihre Einladung eher zögerlich ist, erklären Sie Ihrem Ehepartner, dass Sie etwas sehr Wichtiges mit ihm besprechen möchten. Wenn es ihm dann nicht möglich ist, gemeinsam mit Ihnen zu essen, schlagen Sie vor, den Termin in einer Woche oder noch später wahrzunehmen. Setzen Sie Ihren Ehepartner nicht unter Druck. Verbringen Sie die Zeit des Wartens im Gebet. Bitten Sie Gott darum, dass er Ihrem Ehepartner einen Schubs gibt, ihn ermutigt und motiviert, auf Ihre Bitte nach Versöhnung einzugehen.

Bleiben Sie geduldig und ausdauernd. Ihre Geduld und Ausdauer zeigen, wie ernst es Ihnen ist. Wenn Sie dann endlich das Thema der Versöhnung ansprechen können, wird Ihr Ehepartner Ihren Vorschlag respektieren. Es ist gut möglich, dass Gott diese Zeit des Wartens nutzt, um Ihren Ehepartner auf Ihren Wunsch vorzubereiten.

Während oder nach dem Essen sagen Sie ihm dann, dass Sie sehr viel über Ihre Ehe nachgedacht und dafür gebetet haben. Erwähnen Sie, dass Sie sich selbst besser kennengelernt haben und dass vieles von Ihrem früheren Verhalten von Ihren Gefühlen und Ihrer Einstellung beeinflusst gewesen ist.

Erklären Sie, dass Sie sich von Ihren Gefühlen nicht länger versklaven lassen wollen und dass Sie Ihre Einstellung auch ändern können. Geben Sie zu, dass Sie Fehler gemacht haben, und bitten Sie um Vergebung dafür.

Erzählen Sie Ihrem Partner, dass Sie einen Eheratgeber gelesen haben, der Ihnen dabei geholfen hat, Ihre Gedanken zu ordnen, und dass Sie die Entscheidung getroffen haben, einen Neuanfang zu wagen. Sie können sagen: „Ich weiß, dass ich das nicht ohne deine Unterstützung tun kann. Und ich verstehe, wenn du jetzt zögerst. Ich weiß, dass es in der Vergangenheit nicht vieles gab, das dich motivieren könnte, es noch einmal mit mir zu versuchen. Doch ich will nicht, dass wir es so versuchen, wie wir es schon so oft probiert haben. Ich möchte, dass wir eine Ehe führen, die viel tiefer und inniger ist als je zuvor. Ich möchte, dass wir alles tun, was nötig ist, um uns selbst besser zu verstehen und dann auch uns gegenseitig. Ich weiß, dass das viel Arbeit ist und dass es wehtun wird, doch ich bin bereit, alles zu tun, was dafür nötig ist."

Vergessen Sie nicht zu sagen, dass Sie jetzt keine schnelle Antwort erwarten. Bitten Sie Ihren Ehepartner, darüber nachzudenken und zu beten. Sie könnten ihm eine Ausgabe dieses Buches geben und vorschlagen, es zu lesen. Erklären Sie ihm, wie Sie durch die Lektüre dieses Buches ins Nachdenken gekommen sind und dass Sie sich deshalb entschieden haben, an einer Versöhnung zu arbeiten. Vereinbaren Sie, erneut über das Thema zu sprechen, wenn Ihr Ehepartner genügend Zeit hatte, um das Buch zu lesen, darüber nachzudenken und zu beten.

Erwarten Sie bitte nicht, dass alle Ihre Probleme nach einem Abend verschwunden sind. Sie haben lediglich den ersten Schritt auf dem Weg getan, „der nicht oft bereist wird". Wohin wird Sie Ihre Reise führen?

Wenn beide bereit sind

In Kapitel 10 werden wir darüber sprechen, was Sie tun können, wenn Ihr Ehepartner nicht bereit ist, auf eine Versöhnung hinzuarbeiten. Jetzt gehen wir erst einmal davon aus, dass er positiv auf Ihren Vorschlag reagiert hat. Ihr Partner ist genauso wie Sie bereit, sich dafür einzusetzen, dass Ihr Traum von einer gelingenden Ehe wieder zum Leben erweckt wird. Sollten Sie sofort wieder zusammenziehen? Eher nicht. Sie wollen ja nicht nur „wieder zusammenkommen", sondern Ihr Ziel ist es, einen kompletten Neuanfang Ihrer Ehe zu wagen. Die Konflikte, Enttäuschungen, Missverständnisse und unerfüllten Bedürfnisse, die Sie in diese Ehekrise geführt haben, müssen zunächst aufgearbeitet und gelöst werden.

Für die meisten Paare ist die Begleitung durch einen Seelsorger oder Eheberater eine große Hilfe auf dem Weg zur Versöhnung. Sie müssen es lernen, Ihre Gefühle auf konstruktive Art und Weise auszudrücken. Sie müssen es lernen, die Gedanken und Gefühle Ihres Ehepartners zu verstehen. Sie müssen Wege finden, um die emotionalen und körperlichen Bedürfnisse des anderen erfüllen zu können. Eheberater und auch viele Pfarrer und Seelsorger sind dafür ausgebildet, Ihnen bei der Entwicklung dieser Fähigkeiten zu helfen.

Wenn Sie Mitglied einer Gemeinde sind, rufen Sie am besten Ihren Pastor oder Pfarrer an und erzählen Sie ihm von Ihrer Entscheidung, gemeinsam an einer Versöhnung zu arbeiten. Fragen Sie, ob er Zeit hat, Ihnen bei diesem Versöhnungsprozess zu helfen, oder ob er Ihnen einen anderen Seelsorger oder Berater empfehlen kann. Nicht alle hauptamtlichen Mitarbeiter haben die Begabung zur seelsorgerlichen Begleitung in Eheproblemen, doch die meisten werden Ihnen andere Ansprechpartner nennen, wenn sie selbst nicht helfen können. Wenn Sie mit dem Seelsorger ins Gespräch kommen, um neue Arten der Kommunikation einzuüben, werden Sie eine ganz neue Freiheit in Ihrer Beziehung entdecken. Sie werden sich viel besser verstanden fühlen. Sie werden bei strittigen Themen, die bisher immer nur für Konflikte gesorgt haben, zu Kompromissen finden. Sie werden sich gegenseitig die Freiheit zugestehen können, bei manchen Themen unterschiedlicher Meinung zu bleiben und trotzdem freundlich und liebevoll zueinander zu sein.

Wenn die Entwicklung so positiv verläuft und sich Ihre Ehe neu entfaltet, werden diejenigen von Ihnen, die bereits räumlich getrennt leben, darüber diskutieren, wann Sie wieder zusammenziehen. Dafür gibt es keine allgemeingültigen Vorgaben; manche Paare sind schon nach drei oder vier Beratungsgesprächen dazu bereit. Andere benötigen zwölf oder noch mehr Termine. Auf keinen Fall sollten Sie aber mit der Therapie aufhören, wenn Sie wieder zusammengezogen sind. Das ist eine entscheidende Zeit. Wenn Sie wieder zusammenleben, entstehen möglicherweise neue Probleme und es wird Ihnen unter Umständen schwerfallen, sich auf eine offene, liebevolle Kommunikation einzulassen. Setzen Sie Ihre Therapie fort, bis Sie wirklich davon überzeugt sind, dass Sie ungelöste Konflikte ausreichend aufgearbeitet haben und in der Lage sind, konstruktiv mit Meinungsverschiedenheiten umzugehen. Die Kommunikationstechniken, die Sie lernen, sind wichtig für Ihr ganzes Leben. Sie dürfen sie nicht vernachlässigen, wenn die Ehekrise vorüber ist.

Manche Paare sind vielleicht finanziell nicht in der Lage, die Hilfe eines professionellen Therapeuten in Anspruch zu nehmen. Glücklicherweise gibt es zahlreiche andere Möglichkeiten, die Ihnen zur Verfügung stehen. Es gibt viele sehr gute Bücher, Material im Internet, Vorträge oder Konferenzen und Seminare. Mein Buch *Weil unsere Liebe wachsen soll*[12] habe ich für Paare geschrieben, um sie dabei zu unterstützen, die

12 Gary Chapman, *Weil unsere Liebe wachsen soll* (Marburg: Verlag der Francke-Buchhandlung, 1996/2008).

grundlegenden Prinzipien für eine Ehe zu erarbeiten und positive Werte für ihr gemeinsames Leben zu finden. Am Ende eines jeden Kapitels finden Sie Übungen und Fragen, die Ihnen zu einer besseren Kommunikation und einem besseren Verständnis füreinander verhelfen. Ich schlage vor, dass Sie als Paar jede Woche gemeinsam ein Kapitel durchlesen, dass anschließend jeder für sich die Fragen durcharbeitet und Sie dann über Ihre Erkenntnisse sprechen. Viele Paare, die getrennt leben oder gerade eine Beziehungskrise durchmachen, profitieren sehr von einem solchen Austausch.

Um zu entdecken, wie Sie in Ihrer Ehe neue Gefühle der Liebe füreinander entwickeln können, lege ich Ihnen unbedingt meinen Ratgeber *Die fünf Sprachen der Liebe*[13] ans Herz. Das Buch hilft Ihnen dabei, die Haupt-Liebessprache Ihres Ehepartners zu erkennen. Wenn Sie es lernen, mit Ihrem Partner in dessen Liebessprache zu kommunizieren, werden die tiefen Gefühle in Ihre Ehe zurückkehren. Wenn wir die Liebessprache eines anderen Menschen „sprechen", zeigen wir ihm damit unsere Liebe und Fürsorge. Damit lernen wir es, den „emotionalen Tank" des anderen aufzufüllen, was die Grundlage für ein gutes Klima ist, in dem wir unsere Konflikte lösen und wieder Freunde werden können.

Erkundigen Sie sich bei Ihrem Pfarrer oder Pastor, was in Ihrer Gemeinde an Workshops angeboten wird. Und fragen Sie andere Christen, was in deren Gemeinden zu diesem Thema getan wird. Wenn Sie ein Buch lesen oder sich einen Vortrag anhören, profitieren Sie nicht nur von den praktischen Tipps, die darin gegeben werden, sondern auch dadurch, dass Sie gemeinsam über das Thema sprechen. Sie sollten sich beide während eines Vortrags Notizen machen oder Sätze, die Ihnen wichtig geworden sind, in dem Buch unterstreichen,

13 Gary Chapman, *Die fünf Sprachen der Liebe – Wie Kommunikation in der Ehe gelingt* (Marburg: Verlag der Francke-Buchhandlung, 2003/2012).

um sich dann darüber auszutauschen. Wenn Sie diskutieren, versuchen Sie nachzuvollziehen, was Ihr Ehepartner sagt und fühlt. Fragen Sie nach, beispielsweise so: „Meinst du damit Folgendes ...?“ Wiederholen Sie, was Ihr Ehepartner Ihrer Meinung nach ausgesagt hat, und geben Sie ihm die Möglichkeit, das Gesagte zu verdeutlichen oder klarzustellen. Zeigen Sie dem anderen Ihre Liebe, auch wenn Sie nicht einer Meinung sind. Denken Sie daran: Sie suchen die Kommunikation mit Ihrem Ehepartner, um ihn verstehen zu können, um seine Bedürfnisse zu entdecken und um Wege zu finden, diese Bedürfnisse zu erfüllen. Wenn Sie beide, Ehemann und Ehefrau, sich darauf konzentrieren, die Bedürfnisse des jeweils anderen zu erfüllen, dann wird es nicht lange dauern, bis Ihre Ehe Ihre kühnsten Träume übertrifft.

Die neuen Verhaltensmuster sollten ein fester Bestandteil Ihrer Beziehung werden. Eine Ehe ist kein statischer Zustand. Entweder wird sie besser oder schlechter. Sie müssen „am Ball bleiben“ und die Dinge weiterführen, die das Wachstum Ihrer Ehe fördern. Das Ziel ist nicht eine „perfekte“ Ehe, sondern eine Ehe mit Wachstumspotenzial. Was perfekt ist, ist schwer festzulegen. Und selbst wenn wir einen Zustand der Perfektion erreichen, ist er nur vorübergehend. Wachstum dagegen ist erreichbar – heute und jeden Tag. Wenn Ihre Ehe im Wachstum begriffen ist, finden Sie Hoffnung, Freude und Erfüllung.

Stellen Sie Ihre Ehebeziehung in den Mittelpunkt Ihres Lebens. Räumen Sie einander den wichtigsten Platz in Ihren Gedanken ein. Und setzen Sie Gott in die Mitte Ihrer Ehe. Nehmen Sie sich jeden Tag vor, Ihrem Ehepartner auf irgendeine Art und Weise Ihre Liebe zu zeigen. Legen Sie die Betonung nicht auf die Schwächen, sondern auf die Stärken Ihres Partners. Betonen Sie seine Erfolge – und er wird noch besser werden. Lieben Sie ihn und Sie werden geliebt. Und richten Sie Ihre Ehe nach der „Goldenen Regel“ aller menschlichen

Beziehungen aus: „So wie ihr von den Menschen behandelt werden möchtet, so behandelt sie auch“ (Matthäus 7,12).

Übungen und Fragen, die weiterhelfen

1. Niemand, noch nicht einmal Gott, kann Sie dazu zwingen, an Ihrer Ehe zu arbeiten. Das ist eine Entscheidung, die nur Sie allein treffen können. Doch wenn Sie sich dafür entscheiden, wird Gott Ihnen in allen Punkten helfen. Sie haben schon mit vielen Menschen gesprochen, die eine Scheidung durchleben mussten. Sind Sie bereit, ein Ehepaar zu suchen, das eine gute Ehe führt, und nachzufragen, wie das funktioniert? Vielleicht könnten Sie sogar mehrere verheiratete Paare befragen, welche Probleme sie überwunden haben, um wirkliche Erfüllung zu finden.

2. Wenn Sie sich dazu entscheiden, den Weg zu nehmen, „der nicht oft bereist wird“, kann folgende Liste für Sie eine Hilfe sein:

Datum	*Schritte, die wir schon unternommen haben*
	Ich habe mich entschieden, Versöhnung zu suchen.
	Ich habe mit Gott über meine Entscheidung gesprochen und ihn um Hilfe gebeten.
	Ich habe meinen Ehepartner eingeladen, essen zu gehen.
	Ich habe die Einladung meines Ehepartners angenommen.
	Ich habe meinem Ehepartner meine Entscheidung erklärt.

Mein Ehepartner hat sich bereit erklärt, an einer Versöhnung zu arbeiten.

Ich habe einen Beratungstermin vereinbart.

Ich habe die Anweisungen des Therapeuten in die Tat umgesetzt.

Ich habe weitere Therapiestunden vereinbart.

Ich habe weitere Kommunikationstipps des Beraters ausprobiert.

Bücher, die wir gelesen und besprochen haben:

1. ______________________________

2. ______________________________

3. ______________________________

4. ______________________________

5. ______________________________

Vorträge und Predigten zum Thema Ehe, die wir angehört und besprochen haben:

1. ______________________________

2. ______________________________

3. ____

4. ____

5. ____

Ehe-Workshops, Seminare oder Freizeiten, die wir besucht haben:

1. ____

2. ____

3. ____

4. ____

5. ____

Kapitel 10

Und wenn es nicht funktioniert ...

Versöhnung ist nicht in allen Fällen möglich. Ihre größten Bemühungen werden möglicherweise nur mit Kälte, Feindseligkeit und Scheitern beantwortet. Sogar Gott ist es nicht immer möglich, sich mit seinem Volk zu versöhnen. „... dass ich Israel, die Abtrünnige, eben deshalb, weil sie die Ehe gebrochen, entließ und ihr den Scheidebrief gab" (Jeremia 3,8; Rev. Elberfelder). Versöhnung ist deshalb nicht in allen Fällen möglich, weil dazu die Bereitschaft von zwei Menschen nötig ist. Und niemand kann den anderen dazu zwingen, zurückzukehren.

Die menschliche Freiheit ist eine Realität. Gott zwingt auch Israel nicht zur Rückkehr. Er übt Druck auf sein Volk aus, indem er es den Feinden erlaubt, über Israel zu triumphieren. Gott zieht seine segnende Hand zurück, doch er zwingt Israel nicht zur Rückkehr. Den freien Willen des Menschen, Entscheidungen zu treffen, wird Gott niemals einschränken. Daran sollten wir denken, wenn wir beten. Viele Christen, die in Trennung leben, haben Gott schon gebeten, ja geradezu angefleht: „Bring meinen Ehepartner zu mir zurück." Doch die Ehepartner kehren nicht zurück. Und dann sind diese Christen tief enttäuscht und denken, Gott würde ihre Gebete nicht beantworten. Viele distanzieren sich von Gott, kritisieren die Gemeinde und die Christen an sich und wenden sich damit von ihrer einzigen Trostquelle ab.

Heißt die Möglichkeit, dass wir scheitern könnten, dass wir es gar nicht erst probieren sollten? Die Botschaft der gesamten Bibel steht in direktem Gegensatz zu einer solchen resignierenden Einstellung. Gott gibt sein Volk niemals auf und die Menschheitsgeschichte ist voll von Beispielen von echtem geistlichen Aufbruch und Neuanfang. Eine mögliche Versöhnung in Ihrer Ehe ist es wert, das Risiko des Scheiterns auf sich zu nehmen.

Ihre Einstellung ist wichtig. Sagen Sie nicht: „Ich könnte scheitern", sondern vielmehr: „Ich könnte Erfolg haben!" Es gibt nur wenige Ziele, für die sich Ihr Einsatz so sehr lohnt wie für eine Versöhnung in Ihrer Ehe. Wenn Sie nicht nur dahin zurückkehren, wo sich Ihre Ehe vor der Trennung befand, sondern eine Beziehung verwirklichen, von der Sie schon bei Ihrer Hochzeit träumten, werden Ihre Anstrengungen belohnt. Ich habe noch nie einen Menschen getroffen, der wirklich ernsthaft, dauerhaft und voller Liebe versucht hat, meine Ratschläge zu befolgen, und später seine Mühen bereute. Ich habe aber unzählige Menschen getroffen, deren Anstrengungen von Erfolg belohnt wurden und die mittlerweile wieder in einer glücklichen Ehe mit ihrem Ehepartner leben.

Ich habe versucht, in diesem Buch ein realistisches Bild aufzuzeigen, indem ich immer wieder erwähnt habe, dass Sie die Reaktion Ihres Ehepartners nicht kontrollieren können. Sie sind für Ihre eigenen Worte und Taten verantwortlich. Ich habe darauf hingewiesen, dass die Bibel Sie aufruft, nach Versöhnung zu streben. Für die Bereitschaft oder die Ablehnung dieser biblischen Anweisung müssen Sie sich selbst vor Gott verantworten. Ihr Ehepartner trägt für sich dieselbe Verantwortung. Ihre Bereitschaft zur Versöhnung garantiert allerdings nicht, dass Ihr Ehepartner die gleiche Entscheidung trifft. Er hat die Freiheit, sich gegen die Ehe mit Ihnen zu entscheiden.

Und wenn der andere die Scheidung will?

Es scheint unfair zu sein, dass Sie – wenn Ihr Ehepartner die Scheidung will – keine andere Wahl haben, als ihm nachzugeben, doch so funktionieren die menschlichen Beziehungen. Wir können niemanden zwingen, unser Freund zu sein. Freundschaft ist eine beiderseitige Entscheidung von zwei Menschen. Wenn einer der beiden sich dazu entschließt, die Freundschaft aufzukündigen, dann kann der andere nichts tun, um sie am Leben zu erhalten. Eine Ehe ist die intimste Form einer Freundschaft und sie erfordert ebenfalls wechselseitige Bereitschaft.

Sie können eine Versöhnung nicht erzwingen, denn schon von ihrem Ursprung her braucht man für eine Versöhnung zwei Menschen. Eine Scheidung dagegen, die so viel wie eine „Ent-Zweiung“ bedeutet, erfordert nur die Bereitschaft einer Partei. Wenn eine Seite sich die Einheit wünscht und die andere Seite die Trennung, sitzt derjenige, der die Trennung wünscht, am längeren Hebel – denn Einheit ist ohne die Zustimmung des anderen nicht möglich.

Wenn es Probleme beim Geld, beim Sorgerecht für die Kinder oder der Aufteilung von Besitz gibt, brauchen Sie auf jeden Fall einen Anwalt, der Ihre Interessen vertreten kann. Es wäre auch ratsam, sich mit Freunden und Bekannten zu unterhalten, die bereits eine Scheidung hinter sich haben. Das wird Ihnen eine bessere Vorstellung von dem vermitteln, was in einer gerechten Vereinbarung enthalten sein sollte.

Wenn es um vernünftige, sachliche Vereinbarungen geht, sind uns unsere Gefühle häufig im Weg. Folgende Situationen können dann auftreten:

- Ein verlassener Ehepartner, der nicht in der Lage ist, eine endgültige Trennung zu akzeptieren, wird möglicherweise jeder Forderung des anderen zustimmen, weil er hofft, dass doch noch eine Versöhnung zustande kommt.

- Eine Ehefrau, die daran gewöhnt ist, dass ihr Mann allein die wichtigen Entscheidungen trifft, wird sich auch weiterhin auf seinen Ratschlag verlassen, selbst wenn er sie verlassen hat und ihre Interessen nicht mehr berücksichtigt.
- Ein Ehepartner, der schon lange unter der Situation gelitten hat, sucht in einer solchen Vereinbarung häufig Wiedergutmachung für alles Leid der Vergangenheit, egal, ob selbst verschuldet oder nicht.
- Wenn eine Trennung unerwartet geschieht, ist der verlassene Ehepartner möglicherweise so traumatisiert, dass er – oder häufig: sie – nicht in der Lage ist, realistisch abzuschätzen, wie sich die finanzielle Situation in Zukunft gestalten wird.
- Der Ehepartner, der aus der Ehe ausbrechen will, kann sich so schuldig fühlen, dass er versucht, diese Schuldgefühle durch unangemessene Großzügigkeit zu beruhigen, wenn es um die Verteilung des gemeinsamen Besitzes geht. Oder er zeigt sich zu großzügig, wenn es um die finanzielle Unterstützung des anderen geht, bzw. fordert zu wenig, wenn er derjenige ist, der auf Unterstützung angewiesen ist. Die unterschwellige Missgunst, die durch eine solch unfaire Vereinbarung geschürt wird, wird irgendwann zu einem weiteren großen Problem für beide Ehepartner werden.
- Weil der Ehepartner, der verlassen wurde, zu depressiv ist, um weitere Konflikte auszuhalten, wird er jeder finanziellen Vereinbarung zustimmen, nur damit das Thema bald erledigt ist.
- Einer der Ehepartner kann möglicherweise auch die Kinder dazu benutzen, um sich an dem anderen Partner zu rächen oder ihm etwas heimzuzahlen.

Auch wenn Sie keinen juristischen Rat brauchen, um eine gemeinsame Vereinbarung auszuhandeln, können Sie emotionale Hilfe gebrauchen. Als Christ wollen Sie nicht, dass die Vereinbarung ein Schuldzettel für Ihren Ehepartner wird. Andererseits müssen Sie auch realistisch sein, was Ihre Bedürfnisse betrifft, und – wenn Sie Kinder haben – immer im Auge behalten, was das Beste für Ihre Kinder ist.

Und was ist mit den Kindern?

Sprechen Sie mit Ihren Kindern über Ihre Trennung und eine mögliche Scheidung. Versuchen Sie nicht, sie zu schützen, indem Sie ihnen die Wahrheit verschweigen. Irgendwann werden Ihre Kinder die Wahrheit sowieso erfahren und wenn Sie sie angelogen haben, wird ihr Vertrauen in Sie erschüttert sein. Erklären Sie Ihren Kindern in einfachen Worten und ohne viel Umschweife, was mit Ihrer Ehe geschehen ist. Am besten wäre es, wenn beide Eltern gemeinsam mit den Kindern reden und ihnen mitteilen, dass sie sich zur Scheidung entschlossen haben. Versichern Sie Ihren Kindern, dass Sie sie weiterhin lieben und dass sie nicht der Grund für die Scheidung sind. Wenn Ihr Ehepartner nicht bereit ist, gemeinsam mit Ihnen dieses Gespräch zu führen, müssen Sie es allein tun und darauf vertrauen, dass Ihr Ehepartner später mit den Kindern reden wird.

Es ist außerordentlich wichtig, dass Ihr Kind Ihre Liebe spürt. Das Bedürfnis, zu lieben und geliebt zu werden, ist eines der stärksten menschlichen Gefühle. Bei Kindern ist das Bedürfnis, geliebt zu werden, eng verknüpft mit dem Gefühl von Sicherheit. Ohne Liebe wird ein Kind emotional instabil. Gehen Sie nicht davon aus, dass Ihr Kind sich geliebt fühlt, wenn Sie zu ihm sagen: „Ich liebe dich." Das Neue Testament lehrt uns, dass Liebe nicht nur aus Worten besteht, sondern auch aus Taten (1. Johannes 3,18). Finden Sie heraus, wodurch sich Ihre Kinder geliebt fühlen. Manche Kinder fühlen sich besonders geliebt, wenn man sich zu ihnen setzt und sich mit ihnen unterhält; bei manchen Kindern ist es, wenn man etwas Besonderes für sie tut. Andere fühlen sich besonders geliebt, wenn man ihnen ein unerwartetes Geschenk macht (was allerdings auch dazu führen kann, dass Eltern ausgenutzt werden), und wieder andere Kinder brauchen besondere körperliche Zuneigung wie eine Umarmung oder einen Kuss. Natürlich ist es nicht verkehrt, wenn Sie auch die Worte „Ich liebe dich" häufig gebrauchen.[14]

Beide Eltern sollten ihre Liebe zu dem Kind so ausdrücken, dass das Kind sie versteht. Wenn einer der Eltern das nicht tut, wird es auch nicht viel nutzen, wenn der andere Elternteil dem Kind erklärt, es werde von beiden Eltern geliebt. Für Kinder sprechen Taten lauter als Worte.

Wenn ein Kind die Mutter fragt: „Der Papa hat mich nicht mehr lieb, oder?", sollte die Mutter zuerst nachfragen: „Warum sagst du das, mein Schatz?" Dann wird das Kind seine Enttäuschung über den Vater ausdrücken. Die Mutter fragt weiter: „Wie würdest du dir denn wünschen, dass Papa dir seine Liebe zeigt?" Die Antwort, die das Kind darauf gibt, sollte dem Vater weitergegeben werden – nicht als Vorwurf, sondern als Information. Für mich ist es wichtig, dass dem Ehepartner, der die Familie verlassen hat, deutlich wird: „Du hast dich von deinem Ehepartner getrennt. Aber trenn dich nicht von deinen Kindern. Sie brauchen dich."

Ein zweites emotionales Bedürfnis für Kinder sind klare

14 Wenn Sie sich genauer mit dem Thema auseinandersetzen wollen, wie Sie Ihrem Kind Ihre Liebe praktisch zeigen können, empfehle ich Ihnen mein Buch: Gary Chapman und Ross Campbell, *Die fünf Sprachen der Liebe für Kinder – Wie Kinder Liebe ausdrücken und empfangen* (Marburg: Verlag der Francke-Buchhandlung, 1997/2014).

Grenzen, um sich sicher fühlen zu können. Manchmal stehen Eltern, die getrennt leben, in der Gefahr, dass sie ihrem Kind gegenüber unbewusst sehr nachgiebig sind, um es für das Leid der Scheidung zu entschädigen. Wenn Sie jedem Wunsch Ihres Kindes nachgeben, werden Sie bald sein Diener sein, und es wird mit der Erwartung aufwachsen, dass alle anderen Menschen nur für sein Wohlergehen da sind. Das Problem mit einem solchen „Prinzen-Komplex" (der Erwartung, dass jedermann nur dazu da ist, Ihnen zu Diensten zu stehen) ist, dass ein Prinz in unserer Gesellschaft nicht viele Möglichkeiten hat. Die Eltern, die einen Prinzen erziehen, erziehen damit einen Außenseiter.

Ihr Kind braucht die Sicherheit von Regeln und Grenzen. Je mehr sich beide Eltern, auch wenn sie getrennt leben, in den grundlegenden Erziehungsfragen einig sind, desto besser ist das für das Kind. Für Themen wie Schlafenszeit, Hausaufgaben, Umgang mit dem PC, Essensregeln und höfliches Benehmen können beide Eltern eine einheitliche Regelung vereinbaren, wenn sie wirklich daran interessiert sind, einen verantwortungsbewussten jungen Menschen zu erziehen. Wenn in den beiden Haushalten der geschiedenen Eltern unterschiedliche Grundregeln gelten, wird das Kind vermutlich bei einem der Eltern größere Freiheiten genießen, doch es wird unsicher werden, weil es keine klar festgesetzten Regeln gibt. Wenn Sie sich mit Ihrem Expartner bei bestimmten Erziehungsfragen nicht einigen können, dann behalten Sie zumindest die unterschiedlichen Regelungen zuverlässig bei und ändern sie nicht ständig. Eine solche Unbeständigkeit ist für das Kind emotional frustrierend.

Häufig machen geschiedene Eltern den Fehler, dass sie ihren eigenen emotionalen Bedürfnissen erlauben, das Verhalten gegenüber ihren Kindern zu bestimmen. Beispielsweise macht einer der Eltern unverhältnismäßig große Geschenke, um die Zuneigung des Kindes zu gewinnen und damit sein eigenes Bedürfnis nach Liebe zu stillen. Oder einer der Eltern kritisiert den anderen ständig vor den Kindern, um die Gefühle der Kinder negativ zu beeinflussen. Das gegenseitige Auflisten von Fehlern aus der Vergangenheit ist keine große Hilfe für das Kind. Wir müssen unser Verhalten analysieren, um herauszufinden, welche Absicht ihm zugrunde liegt. Das Wohlergehen unseres Kindes muss der Maßstab sein, mit dem wir unser Verhalten beurteilen.

In der ersten Zeit nach der Trennung sollte sich der Elternteil, bei dem die Kinder leben, darum bemühen, den Alltag so normal wie möglich weiterzuführen. Wenn es machbar ist, sollten die Kinder mit einem der Eltern – zumindest für einige Monate – in dem vertrauten Haus oder der Wohnung bleiben. Eine Scheidung ist traumatisch genug. Wenn ein Kind in einer solchen Situation auch noch umziehen, seine Freunde verlassen und auf eine neue Schule gehen muss, wird das sein Gefühl von Unsicherheit nur noch verstärken. Wenn ein Umzug unumgänglich ist, dann versuchen Sie, so viel der vertrauten Alltagsroutine wie möglich mitzunehmen. Wenn Sie weiterhin gemeinsam vorlesen, Gesellschaftsspiele machen oder beten, werden Sie dadurch Ihrem Kind auch in einer fremden Umgebung ein Gefühl der Geborgenheit vermitteln.

Derjenige der Eltern, der bei den Kindern bleibt, sollte nach Möglichkeiten suchen, wie der Expartner sich ebenfalls um die Kinder kümmern kann. In den meisten Scheidungsurteilen wird auch das Sorgerecht geregelt und die Zeiten, in denen die Eltern für die Kinder verantwortlich sind. Es ist wichtig, dass Sie nicht vergessen, dass Sie beide – obwohl getrennt – noch immer Eltern sind und dass Sie, auch wenn sich Ihre Rollen geändert haben, immer noch eine Beziehung zu Ihren Kindern haben. Ausnahmen gelten natürlich, wenn einer der Ehepartner körperlich oder emotional nicht in der Lage ist, eine gute Beziehung zu den Kindern aufzubauen. Das ist häufig der Fall, wenn Alkohol oder Drogen im Spiel sind oder wenn es zu Missbrauch oder Misshandlungen der Kinder gekommen ist. In solchen Fällen ist es ratsam, dass sich derjenige, der das Sorgerecht hat, mit einem Anwalt oder Sozialarbeiter bespricht, um auf diese besondere Situation richtig zu reagieren.

Freunde, Verwandte und Gemeindemitglieder können für Kinder aus Scheidungsfamilien ganz entscheidende Bezugspersonen sein. Ein Großvater übernimmt die Rolle eines männlichen Vorbilds, wenn der Vater – aus welchen Gründen auch immer – nicht bereit oder in der Lage ist, Zeit mit den Kindern zu verbringen. Tanten und Onkel laden die Kinder zu längeren Ferienaufenthalten ein. Freunde sind häufig bereit, Zeit mit den Kindern zu verbringen und mit ihnen etwas Besonderes zu unternehmen. Zögern Sie nicht, Ihre Freunde und Verwandten um Hilfe zu bitten, wenn Sie den Eindruck haben, diese seien in der Lage dazu. Viele sind gerne dazu bereit, wagen es aber nicht, von selbst ihre Hilfe anzubieten.

In einer Scheidungsfamilie aufzuwachsen, ist nicht die ideale Voraussetzung, die wir unseren Kindern wünschen. Doch denken Sie daran, dass sich vieles von unserem Leben nicht in idealen Voraussetzungen abspielt. Seien Sie positiv. Machen Sie das Beste aus dem, was Sie haben. Legen Sie Ihr Leben in Gottes Hand und greifen Sie nach jeder Hilfe, die sich Ihnen bietet. Lassen Sie sich von Gottes Liebe trösten und beten Sie darum, dass Gott Sie befähigt, der bestmögliche Vater oder die bestmögliche Mutter zu sein.

Habe ich die Freiheit, wieder zu heiraten?

Es würde den Rahmen dieses Buches sprengen, eine ausführliche Abhandlung der Sicht der Bibel auf die Themen Scheidung und Wiederheirat zu geben. Die Bibel zeigt uns Gottes Idealvorstellung: eine monogame, lebenslange Ehe. In der Bibel ist von Scheidung die Rede, die als menschliches Scheitern an Gottes Idealen gesehen wird, doch es steht nur sehr wenig über Wiederheirat darin.

Sogar im Hinblick auf verwitwete Menschen sagt die Bibel kaum etwas über eine Wiederheirat. In der Verantwortung vor Gott und für sein eigenes Wohlergehen wird diese Entscheidung dem Einzelnen überlassen (Römer 7,1-6; 1. Korinther 7,6-9, 1. Timotheus 5,14). Auch bei einer Scheidung wegen Untreue oder weil man von seinem Partner verlassen wurde, schweigt sich die Bibel über eine mögliche Wiederheirat aus. Dennoch glauben viele, dass die Bibel in einem solchen Fall eine Wiederheirat weder verurteilt noch empfiehlt.

Aber es kommt ja auch zu Scheidungen, wenn nicht ein Partner betrogen oder verlassen wurde. Nach der Lockerung der Scheidungsgesetzgebung, was eine Scheidung ohne Schuldspruch ermöglicht, werden viele Scheidungen aus sehr subjektiven Gründen eingereicht, z. B. unüberwindbare Abneigung. Eine Wiederheirat von Geschiedenen, die sich nicht wegen Untreue scheiden ließen oder weil einer der Partner verlassen wurde, ist – wenn wir bei Jesus oder Paulus nachfragen – Ehebruch[15]. Paulus schreibt in 1. Korinther 7,10-11: „Was ich jetzt den Verheirateten sage, ist kein persönlicher Rat, sondern ein Gebot unseres Herrn: Keine Frau darf sich von ihrem Mann scheiden lassen. Hat sie sich aber doch von ihm getrennt, soll sie unverheiratet bleiben oder sich wieder mit ihrem Mann versöhnen. Dasselbe gilt für den Mann."

Obwohl die Bibel davon spricht, dass Scheidung eine Möglichkeit ist, wird ein solches Verhalten nicht unterstützt. Eine Wiederheirat – Ausnahme: Die Scheidung erfolgte, weil einer der Partner betrogen oder verlassen wurde – wird immer als Ehebruch angesehen. Da kommt natürlich sofort die Frage auf: Kann Ehebruch vergeben werden? Die Antwort lautet

15 Siehe Matthäus 5,32; 19,9; Markus 10,11-12; Lukas 16,18; 1. Korinther 7,15.

ganz klar: Ja. Wenn diese Sünde aufrichtig bereut und bekannt wird, kann auch Ehebruch vergeben werden. Dennoch löscht die Vergebung nicht automatisch alle Folgen der Sünde aus. Tausende von Paaren, die Vergebung erfahren haben, wissen um die seelischen Narben, die niemals ganz verheilen werden.

Sollten Sie wieder heiraten? Vielleicht sollten Sie sich mit dieser Frage erst dann beschäftigen, wenn Sie alle Möglichkeiten einer Versöhnung ausgeschöpft haben. Wenn eine Versöhnung wirklich unmöglich ist – weil die Scheidung ausgesprochen wurde, weil Ihr Expartner wieder geheiratet hat, weil Ihr Partner Sie betrogen hat und sich allen Versuchen einer Versöhnung widersetzt –, dann können Sie erneut über eine Wiederheirat nachdenken. Aber überstürzen Sie nichts. Die meisten Therapeuten sind sich einig in der Annahme, dass es etwa zwei Jahre dauert, bis das Trauma einer Scheidung aufgearbeitet ist. Eine rasche Wiederheirat ist verlockend – aber riskant. Das ist vielleicht einer der Gründe, warum die Scheidungsrate bei zweiten Ehen sogar noch höher liegt als bei einer ersten Heirat. Nehmen Sie sich viel Zeit, um sich auf eine zweite Ehe vorzubereiten. Es wird schwieriger sein, zu einer echten Gemeinschaft zu finden, weil Sie schon Erinnerungen und Enttäuschungen aus Ihrer ersten gescheiterten Ehe mitbringen. Entdecken Sie sich zuerst wieder selbst, bevor Sie eine Wiederheirat anstreben.

Übungen und Fragen, die weiterhelfen

1. Wenn Ihr Ehepartner auf einer Scheidung besteht und sich weigert, auf eine Versöhnung hinzuarbeiten, bitten Sie Gott, dass er Ihnen die Kraft und Weisheit gibt, diese Entscheidung zu akzeptieren.

2. Halten Sie von Ihrer Seite aus die Tür zur Versöhnung offen und beten Sie, dass Gott auf Ihren Ehepartner einwirkt.

3. Holen Sie sich bei einem Anwalt, einem Seelsorger oder Freund Rat, wenn Sie in einem bestimmten Bereich Fragen haben.

4. Versuchen Sie, in allen rechtlichen Vereinbarungen fair zu sein.

Kapitel 11

Die Zukunft im Blick

Auch wenn es Ihrer momentanen Gefühlslage völlig widerspricht: Ihre Zukunft liegt voller Möglichkeiten und Verheißungen vor Ihnen! Gottes Pläne für Ihr Leben sind wunderbar. „Denn ich allein weiß, was ich mit euch vorhabe: Ich, der Herr, werde euch Frieden schenken und euch aus dem Leid befreien. Ich gebe euch wieder Zukunft und Hoffnung" (Jeremia 29,11).

Die Fehler der Vergangenheit dürfen Ihre Hoffnung für die Zukunft nicht zerstören. Wenn Sie sich dafür entscheiden, können Sie die Begeisterung erleben, dass Ihre Ehe wiedergeboren wird – viel tiefer und intensiver als zuvor. Ihre Kommunikation und das Verständnis füreinander können viel enger und feiner werden, als Sie es jemals ahnten. Wenn Sie das Vergangene vergeben können, über Ihre Gefühle sprechen, Verständnis füreinander entwickeln und es lernen, sich neu zu lieben, können Sie die größte Erfüllung in Ihrer Ehe finden. Das ist keine unrealistische Vorstellung. Das ist für Hunderte von Paaren bereits Wirklichkeit geworden, die sich verpflichteten, den Weg der Versöhnung gemeinsam zu gehen.

Ich habe versucht, in meinen Beschreibungen realistisch zu bleiben, wenn es um den mühsamen Prozess der Wiederherstellung einer Ehe geht. Es ist nicht einfach. Es wird schmerzhaft sein, wenn Ihr Ehepartner ehrlich über Gefühle spricht, die er im Laufe der Jahre entwickelt hat. Sie werden in Versuchung kommen, dass Sie sich selbst verteidigen und nicht zugeben wollen, dass Sie die Bedürfnisse des anderen übergangen haben. Sie werden das Fehlverhalten Ihres Ehepartners als riesengroß wahrnehmen, während Ihnen Ihre eigenen Fehler winzig klein erscheinen. Es ist schwer, zugeben zu müssen, dass auch Sie an Ihrem Ehepartner schuldig geworden sind.

Wenn Sie beide Ihre Fehler bekennen können und versuchen, diese zu verändern, werden Sie ein unglaubliches inneres Wachstum erleben. Einiges, was Sie schon seit Jahren an Ihrem eigenen Verhalten ärgert, können Sie verändern. Sie sind nicht der Sklave Ihrer alten Verhaltensmuster. Es ist eine große Bestätigung für Sie, wenn Sie spüren, dass Sie die liebende, mitfühlende Persönlichkeit werden, die Sie so gerne sein wollen. Und Sie werden begeistert sein, wenn Sie an Ihrem Ehepartner die positiven Veränderungen beobachten können.

Eine solche Veränderung kann ohne die Hilfe Gottes nicht geschehen. Sie beide müssen sich ganz neu an Gott wenden. Wenn Sie es bisher noch nicht getan haben, können Sie Christus in Ihr Leben einladen. Jesus ist gestorben, um für Ihre Fehler der Vergangenheit zu bezahlen. Gott möchte Ihnen vergeben. Er wird Ihnen Ihre Vergangenheit nicht mehr vorwerfen, wenn Sie Christus als Ihren Retter annehmen. Der Heilige Geist wird in Ihnen leben und Ihnen die Kraft geben, die nötigen Veränderungen in Ihrem Leben durchzuführen. Mit seiner Hilfe schaffen Sie Dinge, von denen Sie nie zu träumen gewagt hätten. Ihr ganzes Leben kann sich verändern und Sie werden dann Ihrerseits in der Lage sein, anderen Menschen zu helfen.

Ich möchte Sie ermutigen, die Vergebung Gottes anzunehmen, die Tür Ihres Herzens für Christus zu öffnen und Hand in Hand mit Gott die Veränderungen in Angriff zu nehmen, über die ich in diesem Buch gesprochen habe. Sie werden es nie bereuen, wenn Sie versuchen, nach Gottes guten Maßstäben zu leben.

Wie ich bereits mehrmals in diesem Buch erwähnt habe, sind Ihre Bemühungen keine Garantie, dass Ihre Ehe wirklich wiederhergestellt wird. Ihr Ehepartner hat die Freiheit, sich von Ihrem Angebot abzuwenden. Wenn Sie sich alle Mühe gegeben haben, dass es zu einer Versöhnung kommt, und Ihr Ehepartner dennoch ablehnend bleibt – wo bleiben Sie dann? Sie bleiben mit allem, was zu Ihnen gehört, in Gottes Hand. Das ist kein schlechter Platz. Sie sind von den Sünden Ihrer Vergangenheit befreit, weil Sie vor Gott und Ihrem Ehepartner Ihre Fehler bekannt haben. Sie werden die Gewissheit haben, dass Sie alles Menschenmögliche versucht haben, um zu einer Versöhnung zu gelangen. Ihre Beziehung zu Gott ist lebendig und vertraut. Sie sind sich Ihrer eigenen Stärken neu bewusst und können zu Ihren Schwächen stehen. Sie sind mit Ihrem persönlichen inneren Wachstum und mit der Unterstützung anderer beschäftigt, was Ihnen Befriedigung schenken wird. Gott macht Sie nicht für die Entscheidung Ihres Ehepartners verantwortlich. Sie sind allein verantwortlich für Ihre eigenen Entscheidungen und Ihr Verhalten.

Glauben Sie nur nicht, dass Gottes Weg mit Ihnen zu Ende ist, wenn eine Versöhnung nicht möglich sein sollte. Gott hat Sie begabt und Sie dazu berufen, in seiner Familie zu dienen. Er möchte, dass wir uns in unserem Leben für seine Sache einsetzen, und er möchte alle unsere Bedürfnisse erfüllen (Philipper 4,19). Sagen Sie nicht: „Ohne meinen Ehepartner kann ich nicht glücklich sein." Auch wenn Ihr Partner nicht zu Ihnen zurückkehrt, wird Gott Sie aus dem tiefen Tal der Verzweiflung wieder auf den Berg der Freude führen. Gott ist mit Ihnen noch nicht fertig. Ihr Glück hängt nicht davon ab, wie Ihr Ehepartner auf Ihr Versöhnungsangebot reagiert, sondern von Ihrer eigenen Antwort an Gott und an das Leben. „Und doch ist es Gott allein, der beides in euch bewirkt: Er schenkt euch den Willen und die Kraft, ihn auch so auszuführen, wie es ihm gefällt" (Philipper 2,13).

Das höchste Ziel unseres Lebens ist es, Gottes Führung jeden Tag zu folgen. Gott wird Ihnen nicht nur den Weg zeigen, den Sie gehen sollen, sondern er wird Ihnen auch die Kraft geben, um die nötigen Schritte zu tun. Er wird Ihre Freunde gebrauchen, die Gemeinde oder Ihre persönliche innere Stärke, um Ihnen zu helfen. In den einsamen Stunden, in denen niemand sonst Ihnen helfen kann, wird er Ihnen seine Gegenwart zeigen. David bekennt: „Du zeigst mir den Weg, der zum Leben führt. Du beschenkst mich mit Freude, denn du bist bei mir. Ich kann mein Glück nicht fassen, nie hört es auf" (Psalm 16,11).

Niemand kann in den Tiefen unseres Herzens jemals diesen unendlichen Frieden zerstören, den uns die Gewissheit schenkt, dass Gott unser Vater ist. Nichts kann uns jemals mehr Sicherheit geben. Keine menschliche Beziehung kann unsere Sehnsucht nach einer Beziehung zu Gott ersetzen. Und im Gegenzug wird Gott uns zeigen, wie wir tiefe menschliche Beziehungen aufbauen können, in denen wir andere lieben und geliebt werden.

Ihre Zukunft kann der schönste und hellste Teil Ihres Lebens werden. Ich möchte Sie ermutigen, so wie der Psalmist zu jubeln: „Diesen Tag hat Gott zum Fest gemacht, lasst uns fröhlich sein und jubeln!" (Psalm 118,24). Vielleicht sind Sie nicht in der Lage, über Ihre Vergangenheit oder Ihre momentane Situation in Jubelstürme auszubrechen, doch Sie dürfen sich darüber freuen, dass Gott Ihnen die Fähigkeit schenkt, sich an genau diesem Tag heute zu freuen. Wenn Sie das tun, werden Sie glücklich.